◎百度副总裁曾良和曹佳中副市长共同为"百度营销大学无锡企业培训中心"揭牌，陆中浪老师担任中心校长

◎陆中浪老师创办的淘商学院崇安电商园创业中心正式成立！市商务局袁副局长为创业中心揭牌。史副市长、省知识产权局局长、区委书记等领导出席仪式

◎陆中浪老师与亚洲最大网络零售平台——淘宝网创办的淘宝大学授权强强合作，创建成立了"淘商学院"

◎ 陆中浪老师与胡斌老师联合各大行业协会发起的中国国际物联网营销节在全国各地产生巨大影响

◎ 国务院国资委轻工机关服务局的领导及全球各行业协会会长共同启动发起的世界美业大会（The world of beauty industry alliance conference，简称 WBIA），由陆中浪老师担任 WBIA 主席

◎ 经国务院领导机构批准创办的中国计算机函授学院共同成立了中国计算机函授学院电商学院和形象美妆学院，陆中浪老师担任院长

◎ 中国新闻摄影学会副会长、中国地市报新闻摄影学会郑石明会长、中国教育电视协会副会长许益超和陆中浪老师联合全国50多家各行业协会商会等单位支持主办发起的CIDF中国国际形象节，已成为中国及亚洲首屈一指的时尚美丽产业专属的国际平台盛典

◎ 金尚奖是美业时尚界权威的大奖，是国际三大最受瞩目的美业时尚盛会之一，有美业时尚界的"奥斯卡"之称。全国工商联美容化妆品业商会会长马娅女士以及彭玉玲、张玲亚、巨邦郭东、哈尔滨女王刘佟、美美咨询钱浅、虞美人国际于文红、曼都国际赖孝义、椰岛曹骋、夏曼、谢腊梅、杨树云、霍起弟、刘秉奎、秦怡、甄继先、马锐等都曾荣获金尚奖

◎ 每年32场活动的ABF（Asian Beauty division Festival）亚洲美妆师节，作为发起人之一的陆中浪老师本着"发掘亚洲好作品、推动年轻美巨匠"的宗旨，促进和提高了亚洲美妆在世界美妆界的地位

◎ 陆中浪老师发起的中国国际舞蹈文化艺术节，吸引了来自全球十六个国家的舞蹈演员及全国近千位巅峰舞者汇聚一起，进行激烈而惊艳的强强对决

◎ 每年在全国 200 多个城市举办的中国星网模大赛及中国星网模学院，陆中浪老师希望打造中国最具活力的电商与美丽品牌赛事

◎ 国际体坛巨星丁俊晖出席由陆中浪老师发起的中国新娘皇后大赛，这是全国以房产、装饰、家具、汽车冠名赞助和电视直播、奖励跑车、百家媒体聚焦的时尚大赛

◎ 中国美妆合伙人创业会成立，陆中浪老师希望世界上每一位美妆师都成为百货集团总裁，并带动上万名"80后""90后"成功创业

◎ 陆中浪主席发起的"万人大赛"2016 中国国际形象节之第八届中国国际形象美妆美甲美睫大赛暨第三届中国国际纹饰艺术大赛将于 2016 年 5 月 16 日在上海举行

互联网+

FALL TO THE GROUND 大美业

陆中浪 / 胡斌 ◎ 编著

北京联合出版公司
Beijing United Publishing Co.,Ltd.

图书在版编目（ＣＩＰ）数据

互联网＋大美业／陆中浪，胡斌编著 . -- 北京：北京联合出版公司，2016.3

ISBN 978-7-5502-7287-3

Ⅰ . ①互… Ⅱ . ①陆… ②胡… Ⅲ . ①互联网络 - 应用 - 企业管理 - 研究 Ⅳ . ① F270.7

中国版本图书馆 CIP 数据核字 (2016) 第 054332 号

互联网＋大美业

总　策　划 | 刘志则

编　　著 | 陆中浪　胡　斌

责任编辑 | 杨　青　徐秀琴

监　　制 | 李广顺

策划编辑 | 刘建华

封面设计 | 肖　曼

版式设计 | 肖　曼

营销推广 | 周莹莹　徐　畅

出版发行 | 北京联合出版公司

北京市西城区德外大街 83 号楼 9 层

邮编：100088

经　　销 | 新华书店

印　　刷 | 北京艺堂印刷有限公司

开　　本 | 710mm×1000mm　　1/16

印　　张 | 16.25

字　　数 | 250 千字

版　　次 | 2016 年 5 月第 1 版　　2016 年 5 月第 1 次印刷

书　　号 | ISBN 978-7-5502-7287-3

定　　价 | 45.00 元

前　言 /

为什么写?

凡事都有个由头,本书也不例外。为啥要写这本书呢?三个字:被逼的。

一是被朋友逼的。你看看,现在到处都在谈互联网。一会儿这个说法,一会儿那个说法,众说纷纭。有点晕。到底什么是互联网?我们想知道真相。到底美业人如何才能玩好互联网?赶紧支招。

二是被行业逼的。中国美业是千亿级市场,有 600 万从业人员。现如今行业竞争到了白刃战阶段。行业内部缺乏创新,一味拼价格,颇有"民不聊生"之叹。

三是被大势逼的。"十三五"规划了"网络强国战略"。人类社会已进入信息时代。大众创业、万众创新的大幕已然拉开,用互联网思维变革美业,让美业再次进入下一个"黄金 30 年",迫在眉睫。

会怎么写?

为了让普通人都能读懂,采用独创的"互联网写书法",此法的形式是"二不二真、一多一短"。

第一个不:不搞云里雾里的理论派。

第二个不:不搞长篇大论的叙述派。

第一个真:真人言论实录。

第二个真:真实 O2O 案例剖析。

一多:多图片模式,有图有真相。

一短:短篇幅模式。不废话,说核心,利于碎片化阅读。

为谁而写？

如果你是一个想转型的传统企业家；

如果你是一个传统美容美发美妆店的老板；

如果你是一个想创业的、现在还在美业工作的员工；

如果你是一个想了解当下 O2O 企业现状的创业者；

……

本书就是为你而写！

书中搜集了大量的实操案例，有成功的，也有失败的；有外界对案例的评论，也有创始人自己的思维；有美业的内行自己创立的，也有外行进入的。本书将从多个角度为您剖析互联网＋美业的各种实操方法。其中的成功和失败都是前人为后人留下的树荫。

推荐序 /

就在前几天，眼见自己和陆中浪先生合著的职场励志管理智慧畅销书《桥梁——解放"忙"老板，唤醒"懒"员工》在全国各地卖得如火如荼。忽然，某日，接到陆先生助理微信留言：小刀老师，陆主席新书《互联网＋大美业》即将出版，邀请您作序……随即，邮箱里收到书稿，中浪国际集团办事效率真的让人佩服。

坦率地说，这本新书稿来势汹汹，让我这个心境平和的家伙都被深深震撼：今年9月底那本《桥梁》刚刚正式出版上市，两周前陆中浪先生和我通电话时激情澎湃地聊到的却是狂热创作中的《爱情的"桥梁"》！还有，要知道他18岁开始创业，如今拥有超过20多家公司；他读书无数，担任很多时尚行业与社会职务，他主讲的"智慧之道系列"总裁课程持续火爆，各地政府找他共同开拓"互联网＋"的创新产业园，无数年轻人争相通过上学与创业，成为他发起的"中国美妆合伙人"……我想说的是，陆中浪先生开创公司众多，职务头衔众多，全国各地投资合作讲课授业的邀请众多，而在这么多的"众多"包围之下，他永远激情洋溢、精力充沛、效率超高——"我最大的梦想就是成就所有人的梦想"，是的，因为有近距离的接触和深入交流，我能够被这个年轻男人生命中的火焰照耀，所以，他能够在百忙中如此高效创作出这本新书，虽然出乎意料，却也在情理之中。

2015年的春天，是"互联网＋"的春天，各种火热的创业、成功的合伙风起云涌。在中国大美业，"互联网＋"或许更热，全国各地大大小小的展会、论坛、峰会、嘉年华上不断催热这个本来就很热的关键词，数十个"美业O2O"电商平台火热入市，甚至身边普通美业老板和美妆顾问张口闭口都是"互联网＋"，似乎在今天你要是不说这个词儿就显得太 OUT 了。

且慢，我们到底是真的热爱，还是稀里糊涂人云亦云地跟风迷失？

就像那美好的爱情一样，我们是长大成熟了依旧纯真热烈地爱，还是幼稚无知朝三暮四地迷？

就"互联网＋"这件事，我也是门外汉。虽然也创设了自己的公众号"婚恋管家"，每天离不开邮箱微信，甚至在朋友圈火热地分享着小刀品鉴梨膏糖，但是，我心里清楚，咱只是互联时代最末梢享受到科技便利的普通人。如果没有专业研究，没有系统理论和方法支撑，没有亲身实践，如何敢妄言？

那么，对于像我这样的门外汉，对于千万的美业从业者，"互联网＋"需要学习吗？如何学习？如何学以致用？

这些问题，在陆中浪先生这本凝聚着智慧和心血的新书《互联网＋大美业》中都可以找到答案。我自己仔细阅读了书稿，说实话，只要走进这些文字，你就很难放下这本书：大咖、草根、传统企业如何看待"互联网＋"？连接、创新、跨界这三个"互联网＋"的现象你注意到了吗？如何理解"＋"的五个层次？"互联网＋"给传统企业的"当头六棒"是哪六棒？线上推广展示的七大途径和二维码实用技巧，互联网＋大美业的现状报告让我们清醒看懂经营瓶颈和消费者消费趋势变化，"互联网＋"如何引爆美业……全书波澜壮阔又精细入微，作者针对性开创了互联网写书法：真人言论实录，真实 O2O 案例剖析，有图有真相，短篇幅模式，不废话，说核心，利于碎片化阅读，适合广大读者快乐高效阅读，并直接指导工作生活！

我坚信这本书一定会成为具有标志意义的重磅畅销书。

目前，人人、大众、万众这些小颗粒度的连接"细胞"，亮点从"人人皆可成才、人人尽其才"到"人人皆可创新、创新惠及人人"之火，用"互联网＋"连接人性，用"互联网＋"培育生态，用"互联网＋"锻造竞争优势。

互联网、服饰、整形、美妆、美甲、摄影、美容美发院、化妆品、教育、上门美容、美甲、化妆、无缝连接、连接一切、跨界融合、协同创新，这些原来看起来不搭界的字眼，通过这本书，可以让我们自由自如地组合，而且，和我们的日常生活与工作密切相连。2015年"双11"的天猫数据是912亿人民币，加上京东和其他电商平台，单日总销量达到 1200 亿人民币。书中说：未来的货物主要在哪里？不在大型商场，也不会堆在仓储物流中心，而会在路上！这些数字和分析真实地告诉我们：不论你是张开双手热情拥抱，还是漠不关心冷眼旁观，互联网已经到了我们身边，"互联网＋"正在改变生活！

当然，"互联网＋"强于连接未来，让连接随时随地随需自然发生。连接一切，没有人这个核心，没有信任这个要素，"一切"就是空谈。不论你是资产过亿的化妆品企业老板，还是连锁会所经营者，抑或只是无数从业人员中的普通一员，自立自强，与时俱进，敬畏人性，强化信任才能笑赢未来！

最后，我愿意分享陆中浪先生的人生格言：我的梦想，就是帮助所有人实现自己的梦想！如今，这本情理交融、实用实战的新书《互联网＋大美业》即将正式出版，愿更多有缘人有幸读到本书，共同谱写崭新精彩的大未来！

小刀老师

情感畅销书签约作家

全国美妆日化行业科协副主席

中国校企联盟学会副秘书长

全国卫生产业企业管理协会健康美容分会副会长

2015 年 12 月 1 日于北京

自 序 /

未来已经到来。

从儿时开始，我们一直在憧憬着未来。我们总觉得未来是还没有到来的将来。

今日，我们一直在说"互联网+"，在探讨"互联网+"，好像"互联网+"是一个在未来必将出现的神秘怪兽。

你会发现讨论这个问题最多的是谁？不是国家领导人，不是政府官员，更不是马云和雷军。他们说，但他们不是说得最多的，因为他们知道"互联网+"在哪里。

谁受伤最深？受到互联网冲击的，首先就是还没有转型的传统行业的老板们。他们半辈子拼杀江湖，时至今日，曾经非常有效的武功一下子统统不管用了。他们的江湖地位开始动摇了，他们突然发现连个孩子都比他懂互联网，他们突然发现这个世界好像完全陌生了。

那些还没有转型的传统企业，突然有一种莫名的危机感，而这种危机和之前遇到的所有危机还不一样。他们不知道那个家伙是谁，不知道那个家伙长什么样。只知道那个家伙叫"互联网+"。他们感觉到未来是那个家伙在主宰。他们面对未来的那个家伙时感觉很无力。

其实大可不必，未来并不遥远，未来并不可怕，因为未来已经到来。今天我们就已经生活在"互联网+"的时代。

你看年轻人为什么不讨论"互联网+"，就像我们不讨论氧气是一个道理，因为我们就活在氧气的世界里。

既然"互联网＋"已经融入了我们的生活，那么我们这些传统企业该何去何从？是生存还是毁灭？

所谓"危机"就是危险后面的机会，面对"互联网＋"的机会，我们的选择决定了我们的未来。

大概在十多年前，在军人出身的任正非的建议下，华为成立了一支特种部队，被称为"蓝军"。蓝军是华为非常独特的一个部门，它与军事演习中的蓝军类似。按照任正非的解释，"蓝军想尽办法来否定红军"。

在华为，"红军"代表着现行的战略发展模式，"蓝军"则代表主要竞争对手或创新型的战略发展模式。"蓝军"的主要任务是唱反调，虚拟各种对抗性声音，模拟各种可能发生的信号，甚至提出一些危言耸听的警告。通过这样的自我批判，为公司董事会提供决策建议，从而保证华为一直走在正确的道路上。

2007年，苹果推出了划时代的产品iPhone，虽然当年包括诺基亚在内的手机厂商都没有把它当回事，但是蓝军敏锐地意识到：形势正在发生变化，终端将会起到越来越重要的作用。为此，他们在当年做了大量的调研工作。

2008年，华为开始跟贝恩等私募基金谈判，准备卖掉终端。此时，蓝军拿出了一页纸的报告，结论只有一条：未来的电信行业将是"端—管—云"三位一体，终端决定需求，放弃终端就等于是放弃华为的未来。由此阻止了终端的出售，为华为的转型留下了余地。

"最好的防御就是进攻，要敢于打破自己的优势，形成新的优势。"不久前，华为总裁任正非的一次内部讲话引发外界关注，他支持无线产品线组建"蓝军"，挑战华为现行战略发展模式，力争"华为"。

无独有偶，腾讯董事会主席马化腾日前在谈及微信成功经验时也坦言，微信这个产品，如果不出在腾讯，不是自己打自己，不是顶着手机QQ部门的反对坚持做下去，而是由另一家公司率先推出，腾讯可能现在根本就挡不住。

"主动打破自己的优势""自己打自己"，是成功企业保持创新力和行业领先地位的手段之一。伴随着以移动互联网、物联网、云计算为代表的信息化浪潮持续推进，创新门槛降低、新商业模式层出不穷，这都为创新提供了土壤。

正如马化腾所言，无论曾经多么领先的创新应用，都存在着持续创新的空间，也存在被颠覆的可能。那么，究竟什么是颠覆式创新？它又从何而来呢？既有的思维惯性、现有体制机制的束缚，都会制约颠覆式创新的萌芽和生长，尤其对于行业龙头企业，如何尽可能地延长领先技术带来的行业地位和超额利润，往往会成为管理层追求的目标。不幸的是，实践中保守的战略根本无法抑制外部颠覆式创新的产生，反而让自己丧失了再度引领潮流的机会。柯达如此，索尼如此，诺基亚亦如此。

创新呼唤自我颠覆，更呼唤支撑颠覆式创新由内而生的制度保障。华为搭建"红蓝军"对抗体制和运作平台，并明确提出"要想升官，先到'蓝军'去"的做法，彰显了一个创新型企业未雨绸缪的忧患意识、打破现行格局的远见与勇气，为其他企业永葆创新动力提供了借鉴。期待更多创新企业拥有自我颠覆的勇气，更期待颠覆式创新源源不断地涌现。

2005 年淘宝已经击败了易趣，那时候马云把高管们召集到一起说淘宝现在打败了 eBay，有一天谁会打败淘宝？大家热烈讨论，最后有了一个共同的答案——将来有一天会有一家 B2C 打败淘宝。B2C 对商品质量、服务、物流等方面的控制，使得购物体验高于很多 C2C。

与其被别人打败，还不如被自己打败。2008 年阿里推出了天猫（B2C），基于同样的思考，也有了"C2B 平台"的聚划算。因为消费者的需求越来越个性化，各种商业基础设施也日趋完善，大家都看好消费驱动生产是一个趋势，B2C 平台是商业地产，都是老东西，而 C2B 才是产业链、经济模式的再造。

经过几年的经营，到了 2012 年前后，C2C 平台、C2B 平台，包括 B2B 平台，阿里巴巴集团都占了市场大半的份额，唯独 B2C 平台只占了一半左右。这又是一个风险，将来可能有其他 B2C 打败自己。所以，干脆再让自己来打败自己，在所有的购物网站，特别是独立 B2C 之前再加一道比较购物的入口，这就是一淘。

任何一款产品、一个公司，甚至一种业态都是有生命周期的，要想长青，只能自己打败自己。无论是华为、腾讯，还是淘宝，都敢于颠覆自己。

马化腾也曾经说过：刚开始公司内部也很不适应这种模式，这不是搞内耗嘛，把东西打乱，不太想这样。但是两面看，因为有时候内部竞争还真的是瞎搞，是捣乱，也没看他做出什么，就是同质化，大家水平差不多，都是你搞我一下，我搞你一下，然后你不服我不服，最后谁都不成，这种现象还挺多的。

后来大家都认识到：在大的环境变的时候，你的对手或者是假设你挑战你自己，假设你不在这个公司，你有什么破绽我可能会抄你后面，可能不是完全一样的做法，但是你会非常难受，有些优势就成了包袱，有没有这样的动作，如果有的话就会怎么样，别人会出什么招，想出什么办法。当然这个东西其实也不能，因为我们看到很多都是同质化，大家水平、团队水平不是很高，往往做又做不好。

由此可见：未来早就到来，强者早就发现并积极颠覆自己。

今天是信息化的时代，这个时代最大的特点是社会快速迭代，大到那些纷纷倒下的百年企业，小到每天层出不穷的各种电子产品。

这个时代要么自己革自己的命，要么等着被别人革命。

本书就是送给每个要在"互联网＋"时代做革命者的大美业人士。或许你是功成名就的美业成功企业家，但现在必须通过自我革命获得新的巅峰；也许你是一个美业外行，想通过做一个产品来颠覆传统美业；也许你是一个拥有一腔热血想创业的美业青年。本书将为你打开一扇窗和一扇门。

这一扇窗将让你看到"互联网＋"时代的核心要素是什么。

这一扇门将让你通往自我价值实现的成功人士的道路。

请从这里进入你的未来吧。

目 录

第三篇　"互联网 +"时代大美业的现状

第四篇　"互联网 +"引爆大美业

第五篇　**互联网 + 大美业的未来**

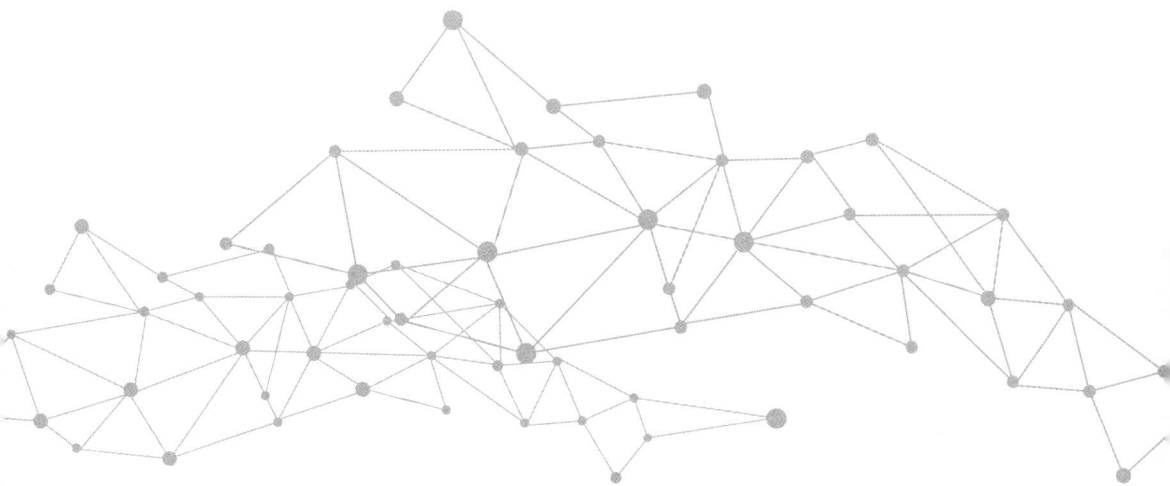

第一篇

全面看清"互联网+"的本质

第1章 拨开"互联网+"的神秘面纱

"互联网+"铺天盖地而来,几乎人人都在谈。其实能说明白的寥寥无几。仁者见仁,智者见智。作者将为你拨开重重迷雾,一探"互联网+"的究竟。

一、不同人眼中的"互联网+"

"互联网+"是一个新兴的词语。一万个人眼中有一万个哈姆雷特,同样,一万个人眼中也有一万个"互联网+"。"互联网+"没有明确的答案,但它却和我们息息相关。

"互联网+"一词的兴起当然是总理的政府工作报告。自从总理的政府工作报告中出现"互联网+"这个词以来,举国上下无人不谈互联网,似乎离开互联网就无话可聊。表面是喜欢一拥而上,其实背后是一个"怕"字,怕落伍,怕被打,怕丢脸。我们落后,奋起直追是好的,但是不能盲目前进。

尤其对于占中国经济体量80%的传统企业,在互联网的浪潮里,该如何抉择?目前大量的视觉焦点都集中在BAT这些成功的互联网企业。大家都在研究谈论互联网,从一些热词"融资、挂牌、资本、O2O、互联网思维"就可以看出,似乎离开互联网就不会说话了。可现实是,企业倒闭潮、裁员潮、关店潮一浪接一浪。很多学习了所谓互联网思维的企业还是倒下了。

那么到底什么是"互联网＋"？"＋"什么？怎么"＋"？

"互联网＋"是一个网络新词，至今没有"标准答案"。既然没有标准答案，那么我们不妨先看看他们对"互联网＋"的认识！

1. "大咖"话说"互联网＋"

习近平主席在"十三五"讲话中，明确提出"网络强国"。互联网已经上升到国家战略层面。

李克强总理在 2015 年 3 月的"两会"期间提出：制订"互联网＋"行动计划，推动移动互联网、云计算、大数据、物联网等与现代制造业结合，促进电子商务、工业互联网和互联网金融健康发展，引导互联网企业拓展国际市场。

马云在 2015 年 5 月提出："互联网＋"是互联网公司应该思考加什么，传统产业改变应该思考"传统经济＋"。"互联网＋传统经济"确实是未来机会所在，但这种合作并不是简单的组合，而是一种深度融合。

马化腾在 2015 年 5 月 22 日出版的新书中写道："互联网不是万能的，但互联网将'连接一切'；不必神化'互联网＋'，但'互联网＋'会成长为未来的新生态。"

李彦宏在 2015 年 4 月提到，因为没认真对待互联网，传统媒体和零售业几乎被颠覆了。传统产业和主流产业应该积极地拥抱移动互联网。

雷军作为人大代表，在"两会"上说，"互联网＋"的意思就是怎么用互联网的技术手段和互联网的思维与实体经济相结合，促进实体经济转型、增值、提效。

2. 草根的"互联网+"

草根的"互联网+"是什么？别扯犊子，草根不会说，直接看看草根的吃喝拉撒吧。

早晨上班：打开滴滴

中午要吃饭：打开美团或者饿了么

午休买衣服：打开淘宝

晚上睡觉前：刷个朋友圈

周末旅行：找途牛看看打折的门票

出差想老婆孩子了：打开视频聊天

买房、买车……总之，已经达到"不识庐山真面目，只缘身在此山中"的境界。这个"山"就是互联网。

3. 传统企业的"互联网+"

传统企业对于"互联网+"的态度不一，有人欢喜有人忧。

一半是太阳，他们拥抱了互联网，现在过得美滋滋；一半是月亮，他们反应迟钝，现在几乎被淘汰。

先看看身边的现象：

街头报亭不见了——纸媒业

银行不再拥挤了——金融业

街边空门面多了——零售业

……

华为生产线持续扩张

星巴克分店照样开

褚时健的橙子不够卖

……

由此可见："互联网＋"不是一个名词，而是一个动词。它不是吞噬一切的猛兽，而是呼啸而过的台风。

台风对于森林而言是助力，台风在淘汰萎靡植物的同时给了健康植物更多的空间和养分。虽然对于被淘汰者而言是灾难，但是台风对于整个生态而言是幸运。

今天的"互联网＋"就是人类社会大生态的台风，他将重塑和优化人类社会的进程。对于每一个社会的个体而言，需要做的就是接受＋拥抱＋变革＋起飞！

二、"互联网＋"的三个现象

人类社会有几个重要的时代，每个时代都是一次变革和洗牌。

农业时代以农耕技术为代表，粮多则国富——中国；

工业时代以蒸汽机为代表，铁硬则国富——英国；

电气时代以电力普及为代表，技高则国富——美国；

信息时代以互联网为代表，科技决定胜负——未知。

在这一轮人类社会的洗牌中，谁能在运用互联网技术上占得高地，谁将成为强者。由此"网络强国战略"是和国家命运、企业命运紧紧联系在一起的。

我们从三个角度来看看，"互联网＋"在当下的三个现象：

1. "互联网＋"现象一：连接

乔布斯视"一切都将无缝连接"为苹果的持续竞争优势；扎克伯格 2014 年确立的脸谱网（Facebook）下个十年三大发展方向，排在第一位的就是"我们想要连接整个世界"；而张瑞敏的海尔通过"人单合一双赢"战略（"人"是员工，"单"是用户价值），将每个"人"和他的"用户价值"连接起来，人人是创客，"企业即人，人即企业"。

在 2013 年的 WE 大会上，马化腾曾提出了"互联网的未来是连接一切"的观点；2014 年，在世界互联网大会上，腾讯首席运营官任宇昕对"腾讯是一家连接型的公司"进行了阐释；在世界互联网大会上，马化腾进一步明确腾讯要回归本质，专注做"互联网的连接器"。在腾讯集团副总裁程武看来，"作为腾讯目前重要组成之一的互动娱乐业务，它的使命也应该是连接、维系人类一切情感、梦想和想象"。

互联网、无缝连接、连接一切、跨界融合、协同创新，这些原来看起来不搭界的字眼，现在组合起来让每个人都可以生发出联想。

互联网是通过计算机的连接，部分地实现了人的连接、人和信息的连接；"互联网+"融合云计算、大数据、物联网等，实现人与人、人与物、人与服务、人与场景、人与未来的连接。

连接未来，就要让连接随时随地随需自然发生；连接一切，没有人这个核心，没有信任这个要素，"一切"就是空谈。敬畏人性让未来临近，强化信任让未来流行。

目前，人人、大众、万众这些小颗粒度的连接"细胞"，亮点从"人人皆可成才、人人尽其才"到"人人皆可创新、创新惠及人人"之火，用"互联网+"连接人性，用"互联网+"培育生态，用"互联网+"锻造竞争优势。

"互联网+"在这里体现的不是简单的相加，不是简单的 1+1=2；而是一种化学反应式的相加，是 H 原子 +O 原子 =H_2O 水分子的变性式相加。所有个体和企业都要做好这个"+"的准备。

2．"互联网 +"现象二：颠覆式创新

随着乔布斯的苹果浪潮席卷全球和诺基亚手机的黯然失色。"颠覆"成为爆品词。

当年 MP3 技术对索尼的工程师们来说毫无吸引力，超级音质是其产品线的竞争要素。在《华尔街日报》的一篇文章中，一位索尼工程师评论道："我一点都不喜欢硬盘这种音乐储存介质——它们不是索尼的技术。作为一名工程师，我对它没有一点兴趣。"

苹果因 iPod 的成功而发生翻天覆地的变化，索尼却失去了这个市场。

"颠覆式创新"原名 Disruptive Innovation，在中国互联网里也被叫"破坏式创新"。"破坏式创新"是由著名经济学家熊彼特在 1912 年最早提出的。近百年后的 1997 年，美国哈佛大学商学院创新理论大师克莱顿·克里斯坦森教授在其名著《创新者的窘境》一书中再次清晰地提出破坏性创新，并弥补和改进了熊彼特的创新理论。

美国特斯拉汽车的 CEO 埃隆·马斯克完全没有任何汽车行业从业经验。也正因如此，他可以摒弃汽车行业的传统发展思路，没有选择 SUV 或者大众化的产品，而是选择电动豪华轿跑车切入高端市场，用硅谷 IT 行业的发展理念、前沿技术和商业模式，为 Model S 车主打造了异于竞争对手的崭新产品体验和创新价值。

很多超级成功的创业家都爱做些颠覆性的事情，约瑟夫·熊彼特说过："创业家的职责就是创造性毁灭。"当你具备了正确的要素之后，你就会获得回报。苹果公司很好地诠释了这句话，真正符合人们需求的产品再加上出色的品牌运作才能让顾客真心实意并且毫无后顾之忧地去购买产品。

周鸿祎说过："商业模式的颠覆就是在商业模式上瞄准行业的死穴，他是对手很难抄袭和反击的一个颠覆手段。就像当年淘宝用免费颠覆 eBay，我们 360 用免费颠覆国内杀毒业都是利用免费这种方法。另外商业模式创新也并不一定是用免费模式，也有可能是将免费变为收费，如 HBO 频道在当时所有电视频道都以免费节目加广告为主的时候，广告厌倦到大家都要换台的时候，HBO 说我没有广告，而且全是电影，但是对不起，因为全是电影，所以要收费。

"商业模式创新不只是跟别人不一样，而是创造出来一种完全不同的打法，这种不同打法会让巨头很尴尬，因为你改变的是巨头现在最主要的收入来源。这就让巨头陷入两难境地。

"其实颠覆创新一点儿都不复杂，面对竞争，如果用好颠覆创新，会成为非常有利的武器，会为消费者提供完全不同的体验，同时，在商业模式上会让竞争对手想抄都没法抄。"

那么未来会出现哪些颠覆？

（1）终端被颠覆。智能手机颠覆了传统手机，平板颠覆了 PC。短短五年，从 iPhone 到 iPhone 3G、iPad、iPad mini、iPhone 6s。短短三年，小米估值 500 亿美金。而在 2015 年下半年华为的出货量又超过了小米。智能终端开始大面积普及，曾经的手机巨头诺基亚、摩托罗拉的市值已不及苹果的零头。

（2）渠道被颠覆。当年的"百团大战"已经硝烟散尽。移动网购用户数量则继续高速增长。2015 年"双 11"的天猫数据是 912 亿元，加上京东和其他电商平台，单日总销量达到 1200 亿元。未来的货物主要在哪里？不在大型商场，也不会堆在仓储物流中心，而会在从工厂发往消费者的路上。通过 3D 裸眼视频可以展示家电企业所有生产过程和各类产品的陈列，消费者需要什么就生产什么，需要多少就生产多少，什么时候需要就什么时候生产，随时随需，这会最大限度地减少产能过剩与存货积压，而且还能满足个性化的定制需要。

（3）金融被颠覆。互联网金融演变成为一个热门的新行业也就在短短的一年之内。余额宝的出现给了我们启示：一是长期垄断、僵化的存款利率体系原来可以用这样的方式冲击；二是利用互联网可以创造出新的金融产品。在余额宝颠覆传统银行的同时，微信支付又用一个红包功能让支付宝脸红。微信支付一年的开户数超过支付宝苦心经营十年的数字。P2P之类的新金融形式如雨后春笋般爆发。这一切是因为有了互联网这个工具，否则我们无法想象出这样的模式。

（4）媒体被颠覆。北京地区的电视机日均开机率从三年前的70%下降到了30%左右，报刊亭营业收入2015年同比下降80%以上。网络视频用户的规模在持续扩大。Google的广告收入已经超过了美国所有报纸、杂志的全部营业收入。中国本土的网络广告也超过传统广告（报纸与电视）。腾讯市值最高时竟达到9700亿港元，这数据令人吃惊。这也意味着多少企业和职业在消失？以进入头条为代表的自媒体平台在快速增长，而传统媒体乃至曾经的"新媒体"微博在快速下降，此长即彼消，连"新媒体"也很快被无情地打入到传统互联网之列。

（5）美业被颠覆。未来五年，"大美业"整个产业链的增幅将达到年均15%以上。在中国GDP不断上升的同时，中国经济将进入"她经济"时代。女性消费者将成为消费主导。首先，从标准产品到情怀产品：在消费升级的年代，女性不仅仅是购买产品，而是购买产品背后的精神需求。所以商家贩卖的一定是"情怀"二字，怎么传递情怀，传递品牌后面的情感很重要。在物质极度缺乏的年代，有产品就可以了；

但今天当我们赋予品牌灵魂以后，会更加激发女性的消费潜力。其次，女性对美的极致追求，让我们看到从虚拟到现实、线下到线上全面开花的创业盛况，图片美化让女孩觉得自己在照片中变美了，化妆美容能将 50 分美女提高到 70 分，然而医学美容能将人造美女打造出来。就单单医学美容一块就会成为大美业中增长最强劲的市场。再次：互联网和移动互联网一方面在挑战传统美业，另一方面又在改造这个行业，而改造的方式是去中介化，最终实现手艺人与消费者的对接。美业的细分行业，如服饰、化妆、美发、美甲、美容、减肥、健身和整容行业，都在发生这样的变化，从最开始的信息聚合平台，发展到导流平台，再到现在的 P2P 服务平台，比如说美容美发、美甲，从成千上万的线下美发店、美甲店，发展到现在很多 O2O 平台。在后文中会有详细阐述。

3."互联网＋"现象三：跨界

很多新型的互联网公司，原来对美业一窍不通，但是用了去中间化的原理，来一个上门服务。这就是外行抢了内行的生意。

再看看，今天国产手机拼杀最激烈的是两个外行，一个是做视频网站的叫乐视，一个是做杀毒软件的叫 360。本来雷军就不是做手机的，结果把小米做成了互联网思维的标杆公司。就在大家都以小米为榜样的时候，又杀进两个外行。

雷军的小米公司硬件不赚钱靠生态赚钱，所以手机只收材料钱。今天乐视更牛，生态补贴硬件，比小米硬件 0 利润更狠——直接倒贴硬件。靠杀毒免费的 360 也是用补贴硬件的方式杀入了手机行业。当然，周鸿祎的目标是开创硬件免费时代。

这时最着急的是谁？当然是传统靠手机吃饭的那些企业。你都免费了，我们怎么活呀？这就是互联网时代的跨界打劫模式。这样的案例在出租车行业同样生猛。你看滴滴不是一家出租车企业，可是它却让整个出租车市场动摇了。这里说动摇是因为政府的某些政策还不清晰。如果直接让用户选择的话，出租车行业直接就倒闭了。

微信不是通信公司，却让中国移动这样的大佬低头了。被跨界打劫的案例太多太激烈。

未来，酒吧还是酒吧吗？

咖啡厅还喝咖啡吗？

酒店就是用来睡觉的吗？

餐厅就是用来吃饭的吗？

美容业就靠折腾那张脸吗？

肯德基可不可以变成青少年学习交流中心？

银行等待的区域可以不可以变成新华书店？

飞机机舱可不可能变成国际化的社交平台？

羊毛出在牛身上，让猪买单。这句话几乎成了互联网思维最好的描述。必须承认这是跨界现象的精准描述。

三、理解"+"的五个层次

第一个层次："互+联+网"。互联网是什么？连接，形成交互，并纳入网络或虚拟网络。连接形成了融合，现实与虚拟互相融合。互联网改变了距离、时间、空间，虚拟与现实都成为一种存在，每一个个体都被自觉不自觉地划分到不同的社群、网络。从另一层意思上讲，互联网产业的企业、从业者也有一个连接、联盟、生态圈的问题，而不要囿于自己的一亩三分地，或者店大欺客，否则你根本没有"+"别人的能力。像在通用电气（GE）的倡导下，AT&T、思科（Cisco）、通用电气、IBM、英特尔（Intel）等公司就已经在美国波士顿宣布成立工业互联网联盟（IIC），以期打破技术壁垒，促进物理世界和数字世界的融合。

第二个层次："互联网＋移动互联网＋云计算＋大数据＋安全云库＋物联网＋万联网＋产业互联网（如工业互联网、能源互联网、物联网）"。不管什么名头，连接是目标，互联互通是根本，是一体两面而不是曲高和寡。如果单纯去讲某一方面的网络，和连接本身就是对立的，更谈不上连接一切。同时，万物互联，不论何种网络，一定不要变成孤岛。

第三个层次："互联网＋人"。手机或者别的移动终端是人的智能化器官，让用户触觉、听觉、视觉等都持续在线、无处不达。"互联网＋人"，这是"互联网＋"的起点和归宿，是"互联网＋"文化的决定因素，也是"互联网＋"可以向更多要素、更多方向、更深层次延展的驱动力之所在。

第四个层次："互联网＋其他行业"。其他行业不能简单地归类为传统行业，互联网产业也需要自我革命、持续迭代，新兴行业要拥抱互联网，而创新创业更离不开互联网。现在进展最快的有"互联网＋零售"产生的电子商务，"互联网＋金融"出现的互联网金融，"互联网＋通信"也越来越成熟。

第五个层次："互联网＋∞"。∞代表无穷大，这就是连接一切的阶段。人与人、人与物、人与服务、人与场景、物与物，这些连接随时随处发生；不同的地域、时空、行业、机构乃至意念、行为都在连接，同时，后面也可能有各种各样的排列组合，这里面蕴含了形如"互联网＋X＋Y"这样的基本模式，比如"互联网＋美业"出现了手艺人自主平台，"互联网＋汽车后市场服务"，往往会再"＋保险""＋代驾""＋救援""＋拼车"等服务，这才能真正体现跨界与融合，才有可能产生细分领域的创新。

正如苏格拉底所说，你看到的世界就是你的世界。你如何看待"互联网＋"将决定你的世界。既然"互联网＋"已经像空气一样进入我们的每个细胞，我们何不享受它的美妙呢？既然排斥必将被颠覆，我们何不站在风口再次起航呢？

O2O模式是"互联网＋"在实体经济中运用的非常重要的一个形式，而本书的主要使命也是帮助中国传统经济找到一条转型之路，因此本书将针对O2O模式的具体实操方法做重点分析。

第2章 "互联网+"给传统企业的当头6棒

现在看来，传统企业在互联网时代是最头疼的。因为之前是"老大哥"，这个江湖是我们的天下。而今天，却成为了被革命的对象。那么传统企业如何转型升级为互联网企业？有人说船大不好掉头，有人说盲目转型等于自杀。笔者认为，今天的传统企业无非是一次洗牌：肯定会有很多企业成功转型升级为互联网企业，同时也会有大量企业被淘汰，关键是要找对转型的方向。

在转型升级的过程中，作者听到各种各样的声音，但都有一个特点，就是晕。有人说我的企业早就开始转型了，但是转了很多次，花了很多钱，却毫无效果，真是有点晕。有人说，我一直想转型，可是不懂网络，不懂技术，脑子没有年轻人灵活，我不知道往哪里转，真是晕。晕晕晕，传统企业都迷路了，我们必须找到出口。

要想找到出口，就要先看看迷失方向的原因在哪里，我们被什么打晕了。

一、思维的迭代：感觉代沟越来越大

现在有个流行词叫"out"，动不动就被年轻人说"out"。以前说年轻一代与老一代存在心理距离或心理隔阂，这叫代沟。可是今天代沟不再是一代人之间的鸿沟，而是一个时代和一个时代之间的鸿沟。

而且这个沟还不小，不容易跨。

现在化缘改叫众筹了；

算命的改叫分析师了；

八卦小报改叫自媒体了；

统计改叫大数据分析了；

忽悠改叫"互联网思维"了；

耳机改叫可穿戴设备了；

IDC 的都自称云计算了；

办公室出租改叫孵化器了；

放高利贷改叫资本运作了；

借钱给朋友改叫天使投资了。

这是网上的一个段子，但是却非常形象地说明了现在的思维方式变化之快。如果我们非要保留之前的想法，确实很难和现在的年轻人沟通了。

二、业绩的疲软：企业利润空间压缩

惹不起我躲得起，这是之前的一条非常管用的人生哲学。但是今天好像无处可躲了。为什么？因为我的公司业绩持续下滑，这可不是我不想掺和互联网就能行的。哪怕不增长，只要业绩还可以和之前一样，我们就不去掺和行不行？答案是不行。因为互联网让一切都连在一起，已经没有孤岛了。

就连整个世界都要实现全球化。正如马云在 2015 年 APEC 会议上发表的演讲。他要打造全球电商平台，让非洲人买美洲人的东西，让亚洲人把产品卖到欧洲的百姓手里。你说你就想种好你的一亩三分地，这是行不通的。整个行业生态链逼着你的企业业绩直线下滑，你又不能直接投降。有这份勇气的人可不多，一般人做不到。那就只有一条路，拼了。

以传统百货业为例：百货业发展的疲态早已显露出来。据统计，截至3月中发布的2015年度业绩报告中，全国140多家重点上市类百货公司及购物中心中，近三成企业销售额同比出现负增长。另有统计显示，在2015年内地单体百货销售名列前茅的10家企业中，有4家百货店业绩较2012年呈现下滑，1家持平。其中，新华都业绩同比下降244.35%；净利润同比下降58.4%。

看一下外贸的数据：据海关统计，7月份我国出口1769.4亿美元，增长1%；贸易顺差251.5亿美元，收窄16.8%。季调后，7月出口环比下滑4.2%，进口环比下降5.8%。业内人士判断，下半年外贸形势严峻，全年10%的外贸增长目标面临着不小的挑战。外贸数据直接反映的就是我国传统制造业的近况。

由此可见，传统企业的业绩下滑如当头一棒直接打在了每个企业家的头上。

三、经验的无效：过往经验毫无用处

老革命遇到新问题，用之前的传统办法解决不了现在的问题，这是困扰现在传统企业的一大难题。

以前人才市场被挤得水泄不通，现在是招人的比找工作的还多。

以前是员工求着老板给口饭吃，现在是老板看员工脸色，动不动

就走人。

以前是管理结构越严密越好，现在要扁平化管理了。

以前是出现个把不满意的都不放在心上，现在是一条微博能把省长都废了。

以前是把买单的服务好就行了，现在用户是老大，别管我有没有付钱。

以前我到处教育年轻人该怎么做生意，今天我啥也不懂了。

……

经验是宝贵的财富，可是今天全贬值了。由于互联网的影响，我发现从经验库里搜索不到能解决问题的方法了。遇到敌人不可怕，可怕的是我没有任何办法消灭它。

当所有的经验都不奏效的时候，传统企业的老板们和现在的年轻人似乎回到了同一起跑线，不再是江湖的大佬了。

四、技术的更新：胆量酒量不再管用

改革开放 30 多年，我国综合国力飙升的同时造就了一大批有钱人，也就是今天的企业家。这些企业家来自各行各业，他们就在我们的身边。我们发现这些成功人士似乎都有一些共同点：比如胆量大，别人不敢干的，自己干了；比如酒量大，为人豪爽，会搞社会关系。似乎都有点李云龙的范儿。但是今天看看很多互联网公司的 CEO 们，大多都是技术出身。他们的形象和之前李云龙式老板的形象大为不同。此刻，作为被革命对象的传统企业的老板们惊呼：惨了，惨了，我们没戏了！因为我们不懂技术，怎么转型呀？

但是此刻我要对所有的传统企业家说一句：事实并非如此。

首先，靠技术制胜的互联网公司是有，但不是全部。并非所有的互联网公司都是靠技术获胜。我们就看看马云，他的公司是互联网公司，并且是最牛的互联网公司。而马云本人对技术一窍不通。作为领头人，你不一定要是技术控。如果你能带领一群天才一样可以成功。

其次，我不造飞机，但是我可以坐飞机。我不是技术研发者，但可以拥抱技术、使用技术。比如：褚橙。用了传统的甚至是原始化的种植方法，种出了使用高科技肥料种不出来的橙子。借助电商平台卖到了全国，反而在今天成为了互联网上最畅销的产品。褚橙是唯一在天猫上需要先付钱后拿货的预约销售水果。褚橙也被认为是互联网时代最牛的橙子。

五、渠道的依赖：销售渠道完全颠覆

令传统企业最难受的是销售渠道的改变。今天风头正劲的电商，以马云的淘宝为代表的互联网企业的成功，其中最大的武器就是去中心化和去中介化。这一下子革了很多人的命。因为之前大量的企业是贸易型企业，他们就是通过渠道输送产生利润，结果直接被颠覆了。

渠道被颠覆的同时，上游也痛苦。因为他们习惯了只负责生产不管零售的日子，现在要这些厂家自己学会销售，这让传统企业头皮发麻，因为改变自己的习惯太难了。可是今天他们不会销售就意味着产品出不去，因为没有中间的批发商来帮他们销售了。

在过去的经济学模型里，生产商和销售商是两个完全不同的角色。而今天突然需要二合一了，这一棒把传统企业从大学生打成了小学生，因为销售是他们从来没有搞过的事情。

六、结构的老化：年轻员工越管越累

传统企业的老板最年轻也是"80后"，基本以"60后"和"70后"为主。当然身边的那些打江山的重臣也都是差不多的年纪。在互联网时代，自己身边最熟悉的、最值得信赖的人同样是需要升级的人。而身边那些全新系统的"90后"却怎么也看不顺眼。

"90后"是指1990年至1999年出生的一代中国公民，与上几个年代的人相比，他们大多具有如下特点：

1. 抗压能力差

"90后"许多人没有经济的困扰和生活的压力，而这部分率先步入工作舞台的"90后"多数来自人们眼中"差等生"多的中高职学校，在学习上没有经历过考重点小学、重点中学和重点大学等的压力和竞争，就业时面对的又是目前蓝领工人稀缺的大环境，加上我国一些中高职学校为扩大招生而采取的"免试入学包分配"政策，错失了体验求职失败的机会。挫折教育的缺失，物质条件的优越，家庭的过分娇宠，导致"90后"员工心理承受能力很差，在工作中极易因为这样那样的事情而产生情绪，而一路在顺境中走上职场的这些"90后"，其正视问题、迎战困难的勇气也远远低于上几代人。

2. 没有远大的目标

很多"90后"员工处于一种精神迷茫状态，他们既没有形成自己的正确价值观，又没有继承前人的优良传统。同那些将工作当事业、下班后仍能够刻苦钻研、不断充实自己的员工寥寥无几。和前几个年代的同事相比,很多"90后"员工仅仅把工作看作是离开学校的必然归宿。相对于薪酬的高低,他们更在乎的是工作是否开心,工作环境是否舒服,他们不愿意做踏踏实实的老黄牛,更不愿意做勤勤恳恳的工作狂,他们愿意选择工作并玩着的生活方式。

3. 自我意识太强

"90后"员工大多是独生子女,正处于青春期的他们有着尖锐的棱角、张扬的个性,自信又自私,敏感又脆弱。因为没有亲人在身旁,他们的内心会较为空虚,如果交友不当,很容易做出消极颓废的事情。这部分率先走上工作岗位的"90后"大多在读书的时候因为成绩不突出而得不到重视和偏爱,于是会选择调皮捣蛋、穿奇装异服等行为来引起周围人的关注,以寻求心理平衡。他们有可能在步入职场后因无法在工作上做到出类拔萃而故伎重演,通过另类的行为去表现自己,以获得领导同事的注意。

4. 有很大的随意性

有的"90后"员工在工作中缺乏责任心,不能以大局为重,很多时候考虑自己在先。不管工作任务多紧急,只要自己不高兴或者有事就请假不来,找各种理由逃避加班,而且经常迟到、早退,甚至说辞职马上辞职。还有的"90后"眼高手低,大事做不了,小事不愿做,工作既没效率也没质量,却总有理由找借口,总觉得自己被企业"大材小用"。

这些现象是存在的,但是"90后"就一无是处吗?当然不是。他们热情,有冲劲,容易接受新鲜事物,知识面广,相对容易塑造团队氛围,对待遇的要求不再作为首要条件。只有用新的管理模式,传统企业才能把"当头一棒"变成"超级指挥棒"。

第 3 章　"互联网＋"时代传统企业转型的 6 个困境

转型之路不会一帆风顺，面对困境采取突破性策略能够将增长的成功率从 6% 提高到 37%。要想推动行业结构提升和销量增长，应该瞄准主流群体、先入者、领先者已经忽视或者放弃的产品、市场、消费群体、卖点等，以创新的价值支撑形成新的市场竞争能力。

一、头脑束缚——放不下原来的江湖地位和成功经验

根据人类的惯性思维，除了少数精英之外，我们基本上都是经验的囚徒——我以前成功了，我未来也一定成功；我今天是老大，明天还是老大；我的方法、思维方式和理念，因为成功，所以都是正确的。

对互联网思维重构视而不见，随之导致增长出现严重停滞的最主要因素往往来自于"优势地位的束缚"——在工业革命时代的成功，同时也把我们的思维范式随之构建并巩固了，这种范式曾经帮助我们所向披靡。

追求效率第一是这种范式的根本，因为只有提高效率，才能跨越平均法则，以低于整个产业中的成本去灭掉竞争对手——致力于减少浪费、提高效率的科学管理之父泰勒以及把科层视为社会组织核心的马克思·韦伯的管理体系占据了主流。

在如今的移动互联网时代，制约和阻碍我们前进步伐的，来源于我们头脑中固有的管理模式——以效率为中心、以科层为导向，这些体系或许将瓦解。

还有一个很重要的阻碍和制约因素，是我们曾经引以为豪的优势地位让我们长期被成功蒙蔽双眼、束缚手脚；不敢或者根本就没意识到，没有投入足够多的资源在互联网化的创新上。虽然通过互联网化，有那么一点点销量的增长根本无法满足整体增长需求，但是这种销量如果持续升高的话，未来将是非常恐怖的。

因为牢牢地占据优势地位，与竞争对手相比，对消费趋势的进化、对外部环境的演变反应迟钝，公司互联网转型的创新速度放慢；当察觉危机到来的时候，所做改变太少、改变时机太迟。

当我们的发展中存在优势地位被束缚的问题时，内部往往会不断地扯皮、相互指责，寻找其他貌似正确的原因，从而错失有效的应对措施和时间。

数据表明，相对于后来进入市场的企业，最早进入这些新兴市场的企业拥有巨大的先行优势。互联网所带来的颠覆式创新肯定会推动新市场的产生，即创造消费、引导需求。

但是，"互联网＋"新兴细分市场的破坏性创新不能满足大企业的增长需求，使得大企业在创新资源分配上很难将足够的资源集中在细分市场、小型市场的开发上，最终导致破坏性创新的动力不够。

在互联网化的速度和项目选择中，大规模和高价值的企业规模发展得越大，品牌价值越高、越成功，在新兴市场和互联网化领域中所发挥的企业增长引擎作用就会越弱。

这些不被传统企业重视的"互联网＋"小市场、边缘地带、创新项目，在移动互联网的催化之下，极有可能在将来发展成大市场、主市场、大项目。

二、方向不明——搞不懂互联网时代年轻消费者的需求

乔布斯说：忘掉调研吧，因为消费者根本不知道他们需要什么。

老福特有句名言，如果问消费者需要什么，他会说需要一台更好的马车——消费者对技术创新的潜在需求是无法描述的；定位之父劳特对传统的调研、顾问、咨询嗤之以鼻；硅谷之父史蒂夫·布兰克说，未经验证的假设都毫无用处。

由此可见消费需求的变化是不确定的，而互联网时代使这种不确定性愈演愈烈。用传统量化的数据分析预测高度不确定性的未来本来就是一个伪命题。

互联网时代最鲜明的特征是变化——急剧的变化。消费需求变化的不确定性（质量）以及变化的急剧性（速度），将会导致传统企业对市场转变和消费者的变化严重失察。

而依照过去成功路上所取得的经验，同样开展了各种复杂的市场研究和市场监测活动，进行了市场研究、品牌战略、市场策划以及产品测试，也陆续推出了各种具有卖点的"新产品"，但总是没有突破性的发展。为什么？

原因就在于对互联网带来的变化反应太慢，已经让你的企业整体落后于变革的曲线，已经差了几条街。在传统企业的组织结构中，越是高层越拒绝改变，越是高层越听不到一线的炮火，越是高层越不愿意相信从前线来的警钟——科层结构，让企业的决策层不仅仅远离了

一线，而且越来越高傲，以至于不愿意察觉这个瞬变的时代。

很多传统企业在战略取舍上，继续依赖原来的传统方式。虽然这些传统企业已经意识到消费者发生了巨大的变化，核心市场的消费群体因为收入的提升已经有了新的需求，而自身因为优势地位的束缚，不敢或者没有大胆自我创新。未重启与变化同步的互联网思维变革创新之时，也是失守之刻。

持续性创新和颠覆式创新两个战略根本不是一码事，这是传统企业进行互联网化的创新成功率不高的根源。

对于持续性创新，企业有章可循，主流消费者的需求非常清晰明了；绝大多数创新在本质上都具有延续性，因此大多数创新管理人员都知道如何依据切实可行的分析和规划来开展创新活动。

但是对于高度不确定的互联网，能够催生新市场的颠覆式创新，消费市场的需求却相对较为隐藏，和持续性创新相比较，市场需求没有那么明显。

移动互联网时代是高度不确定的、充满动荡的，一个连消费者自己都说不清楚的市场，是没有办法用常规的市场调研和常规的策划眼光来进行解读和预测的。

相应的，对于隐含的市场需求，市场研究人员、策划人员以及技术研究人员，一直找不到行之有效的颠覆式创新策略——问题不在于你我，而在于整个战略性的环境剧变，你我都没有办法去预测。

一个消费需求都如此，我们在战略的若干方面，根本无法跟上变化的步伐，更别提超越它了。与此同时，移动互联网给传统企业带来的关乎市场、财务、社会、环境以及政治上的风险却越来越大。

连李彦宏、马化腾等互联网的大佬都经常说，自己的公司必须时刻保持警惕，因为随时都有被颠覆的危险。所以说，今天的传统企业如果每天不战战兢兢、如履薄冰地思考战略方向，不去洞察每天日新月异的变化，不在公司运营上迅速做出调整的话，第二天或许就是险境。而在过去，传统企业对自己的战略方向非常自信，很少反思。

三、管理脱节——不懂得扁平化管理模式

未来唯一确定的就是高度不确定性，唯一不变的就是一直在改变。但是你会发现，很少有公司在环境变化前主动进行自我调整。

导致不能互联网化的第三大问题是传统企业创新管理的失败。不是产品质量缺陷，不是没有推出实施O2O的布局，不是没有运用互联网工具，不是技术和研发团队没有尽力，也不是没有互联网化的战略和策划，而是企业之魂——创造这个体系的内部流程存在一些失灵之处，从基础研发到新产品的营销创新，面对互联网的挑战，整个链条上都或多或少存在问题。

当以互联网化作为竞争先发优势杀入市场，整个市场都是互联网化的企业时，互联网思维已经成为一种竞争的基本条件，先发优势不复存在。

如果一个公司已经学会了充分使用微博、微信这些互联网工具，说明具备了一些先发优势，但是整个产业所有战斗的"小伙伴们"都会熟练、顺溜地使用微博、微信甚至更多工具时，领先企业所能做的就是——企业应该继续保持互联网化创新的动力和优势。

一旦创新出现失灵，系统就会失调。这就是面对互联网创新系统失灵的纠结和难以取舍，但是必须取舍，要做一个能够迅速自我调整

的公司。

移动互联网的突破性创新在初始阶段，先天具备的细分市场、小市场对于新生企业品牌而言，已经足够填饱肚子了。而这些市场对大企业而言，却满足不了增长，甚至连牙缝都塞不了。

由于重启互联网化创新流程具有投入时间长、反馈慢、回收缓的特点，发现互联网化创新失灵的问题需要较长的时间，补救和挽回需要更长的时间。

你是否有支持高风险"互联网 +"创新的机制，投入那些初始市场较小、细分市场不大而未来增长却颇有空间、占位具有战略性的突破性创新都是需要有魄力和眼光的；就看你是否愿意让企业的价值观、管理体系以及资源重点保证突破性创新的发展？

微软和雅虎在移动互联网的脚步上失去先机，诺基亚内部产生不了苹果，新兴的互联网企业也会遇到和传统企业一样的系统失灵问题，系统限制了寻找新的机会和创新产品之后的固化、僵化。

四、无人可用——原来的老臣都不懂互联网

本世纪最缺的是什么？人才。其实缺乏的不是人才而是缺乏"创新人才"。这里所指的是部分企业缺乏良好创新战略实施的自下而上的领导者、创新者以及所配套的环境、氛围、团队和文化。

除了技术创新领域的人才缺乏，更重要的是在管理创新、商业模式创新、营销创新、消费者把握创新趋势等关键领域缺乏必要的能力，这是导致传统企业"互联网 +"步伐停滞的重要原因。正如作家乔治·季德尔所说，资本是一种稀缺资源，人们应该不惜一切代价保护资本。

但是在移动互联网时代，看看企业大量的现金储备和风投资金就明白，现金不再是稀缺资源——吸引和有效配置移动互联网时代的合适人才，拥有抓住发展机遇的能力才是真正的稀缺资源。

面对的互联网挑战，不能转化为市场优势的技术是无本之木，没有来自于对变化深入了解的技术创新是无源之水，缺乏创新领导、团队和员工的创新是无基大厦。

移动互联网新兴的技术力量飞速发展，传统企业老板作为企业的领军人物和灵魂人物，在知识的掌握、视野的开拓和未来的预测上本来就陌生，因为陌生所以产生了恐慌或者抵触情绪。又怎能指望他们在互联网化这个不熟悉的领域注入更多的资源和树立必胜的信心呢？关键性人物"不爱学习"不是首要问题，而是传统业务发展良好，没有时间、精力和更多的危机感去思考、去熟悉新兴的移动互联网领域，也就更别指望更深地探索并实施"互联网 +"了。

互联网转型的人才是个大难题，只要是 BAT 离职的总监以上人物，就直接抓住，这一招很管用。这也许是一种比较低风险、低成本的方式——互联网 + 传统产业的组合，能够让传统产业迅速地吸收互联网企业的方式方法和基因文化。

但是又有多少个 BAT 离职的总监级别人物可以任由挑选呢？这些带有互联网基因的人才是否能够深入地了解传统行业，而且这些高薪的人才也并非每一个传统企业能够负担的——更多的传统企业更想让了解传统行业的人才脱颖而出，成为传统产业 + 互联网的组成。

真正实现传统产业的互联网化转型，不只是将互联网的人才、文化引入传统产业，嫁接到传统产业。传统产业 + 互联网或许比互联网 + 传统产业更为有效和适合。更重要的是，应该在传统产业的基础上，植入适合转型的人才。而这种人才应该具有创新精神并且能够不断引进、探索互联网的知识和方法。

五、绩效脱节——绩效考核系统没有互联网化

绩效和考核是一个强有力的指挥棒，对于传统企业的重构起到很大的推波助澜作用。从部分传统企业来看，组织结构复杂，判断失误，对消费趋势变化反应冷淡，包括导向、绩效、考核、评估体系未适时调整都被视为阻碍互联网化的原因。

在一个企业的年度发展战略中，屡次提到互联网化的问题，但是在营销战线的考核体系中，却对传统方式、传统产品赋予了更多的绩效考核——虽然灌输的都是移动互联网创新的工具，但惦记的却是老市场、老方法、老产品，因为老市场、老产品、老方法能使营销人员得到更多的年终奖。

对你的高管、对你的中层的绩效考核体系，是否直接与当前绩效挂钩？

就在你公司的高管、你的中层还在被短期的业绩绩效考核捆绑的时候，你的竞争对手已经悄然无息地杀入你的地盘，进入"互联网＋"的新兴市场。当然，有的市场还有机会，比如三星也给小米留下了一个空间，有的机会确实稍纵即逝，比如柯达。

所谓绩效导向，正如哈默所说的：让市场来考核员工——传统企业按照工作时间、工作贡献支付薪酬的体系是否现实？一年两度的考核是否贴近市场？绩效导向是否能够听到一线轰隆隆的炮火声？

六、不敢创新——如果没有颠覆，则称不上互联网化

渐进式创新和颠覆式创新的区别是什么？

大多数新的技术会推动产品的改善，如更快的速度、更好的口味、更灿烂的笑脸、更新的菜品、更时尚的头发，如同计算机或手机行业的更快的速度、更大的屏幕、更具人性化的操作，这就是我们所称之为渐进性式创新或者延续性技术。

根据主流消费者一直以来所看重的需求来提升产品的质量，是所有延续性技术具有的一个共同特点。也就是说只有主流消费群体的规模性增长才有可能增长需求。

互联网化的创新都是一些细分的消费群体，也是一些边缘化的需求，更是一些看不到、看不懂、貌似塞牙缝都塞不满的市场，甚至是和传统业务相冲突、相蚕食的业务。

"e袋洗"就是颠覆式创新。在移动互联网洗衣业务很弱小、风险大、前途不明朗，甚至与传统洗衣业务冲突的时候，"e袋洗"毅然选择了互联网模式，占据了传统洗衣行业向移动互联网进军的先机，开辟了先河，抢占了有利位置，建立了壁垒，并且血洗了杀入此市场的新兴互联网企业。

很有趣的是，很多颠覆式创新在刚出来的时候连发明者本人往往都没有意识到这是一个颠覆。《只有偏执狂才能生存》里讲到一个例子，所有格局的改变，不是敲锣打鼓来到的，都是以一种噪音的方式来到的，要耐心分辨噪音里哪些是代表未来趋势的信号，哪些是代表繁杂的噪音。

互联网时代推崇和讨论更多的是颠覆式创新。人们更关注在互联网冲击中，颠覆式创新所能起到的更大作用，并非否定延续性创新或

者微创新对传统企业发展卓有成效的贡献。

"互联网＋"颠覆式创新却给传统企业带来了与以往截然不同的价值主张，更重要的是拥有了一些"天使客户"和边缘化的消费者，他们通常是新的消费者或者潜在消费群体，甚至是意料之外的消费市场。

"互联网＋"颠覆式创新还有一个重要的特点，就是基于突破性技术的产品有可能不足以满足大众消费群体，而存在于小众和细分的消费群体之中，但正是这种消费群体的存在，使得创新和发展成为可能。

"互联网＋"颠覆式创新可能短期内导致产品性能降低。颠覆式创新在刚出来的时候绝不是一个完美的产品，完美的产品是大公司通过改良做出的没有缺点或者缺点很少的东西，颠覆式创新产品刚出来时缺点满身，毛病太多，以至于没有人敢投资，大公司也看不上。

现代管理学之父彼得·德鲁克所主张的创新，其实指的是"集体的创新"而非"个别的创新"，是产业变革与社会的重大改变，是社会性和经济性的进步，而非科技和技术的代名词。

创新，不仅仅存在于传统的技术创新领域，而且分布在各个领域：

体验的创新。iPad 没有鼠标和键盘，就靠你的手指头画来画去，如果你拿它制作 Excel 表格的话肯定会郁闷死，但是 iPad 有一个优点——便携。"懒惰"的用户，能带 iPad 绝不会带笔记本。

今天商业模式的创新。就是在商业模式上瞄准行业的死穴，它是对手很难抄袭和反击的一个颠覆手段。如当年淘宝用免费颠覆 eBay，360 用免费颠覆国内杀毒业，小米手机靠粉丝模式去掉了传统渠道。

商业模式创新也并不一定是用免费模式，也有可能是将免费变为收费，如 HBO 频道在当时所有电视频道都以免费节目加广告为主的时候，广告使大家厌倦到都要换台，HBO 说我没有广告，全是电影，但是对不起，因为全是电影，所以收费。

不管是哪种创新，只要跟别人不一样，就可能会创造出一种完全不同的打法，这种不同打法会让巨头很尴尬，甚至陷入两难境地。

别以为技术领先就是全部领先——互联网技术是可以学习到的，互联网人才是可以招聘到的，特别是在移动互联网时代，一头扎入互联网领域的人才越来越多。

能够让谷歌在互联网领域脱颖而出、出奇制胜、与众不同的并不是其领先的技术或者是领先的商业模式，而是其持续创新的管理模式和不断进化的管理基因——极度扁平的结构、节点与节点顺畅沟通的网络状态、对创新认可的企业文化，以及创新项目多样化的生态。

今天是移动互联网时代，因为互联网的开放性，技术已经不再是壁垒，技术进步已经不是问题。重要的问题在于，你所掌握的是移动互联网的技术，驱动的却是工业时代的管理体系。

第 4 章　"互联网＋"战略落地的 6 个必备要素

对于一个国家而言，颠覆式创新是成长的基本源泉；对于一个产业而言，它是发展的重要动力和活力。

移动互联网时代瞬息万变，传统企业最大的威胁不是来自新兴的互联网企业，也不是来自传统企业内部，而是来自传统企业和移动互联网的交融地带，在此地带所产生的颠覆式创新足以打垮一个巨型的企业，改变一个庞大产业的产业结构，影响一个地区乃至国家的经济。

移动互联网时代，伟大诞生于颠覆式创新。

颠覆式创新之所以在移动互联网时代如此重要，是因为我们的世界、市场、竞争已经变成了 VUCA 世界：动荡（Volatile）、无常（Uncertain）、复杂（Complex）、模糊（Ambiguous）。

这是一个最好的时代，也是一个最坏的时代。要适应并在这样一个商业世界里生存下去，需要非常杰出的才能。在这样一个商业世界里，一个颠覆式创新几乎可以干掉一个产业，也能让一个企业一夜成长。这在以前是匪夷所思的，但移动互联网时代就是这样。在移动互联网时代，最大颠覆性和最大突破性绝对不是来自于它本身，而是它的"互联网＋"边缘化产业；在移动互联网时代能够产生足够多的"互联网＋"颠覆式创新，特别是在传统企业与移动互联网交融的地带。

从边缘杀入的"互联网＋"颠覆式创新成为了改变产业的力量。

50 年前，日本出现了索尼、日本钢铁、丰田、本田以及佳能等公司，而到了近 20 年，日本就没有再出现"破坏性"的新企业，这就是日本经济出现了停滞的原因之一。

恰恰是"互联网＋"的这种颠覆式创新，飞速地推动着整个传统行业的互联网化进程。

面对挑战，传统企业和产业正在重启互联网化的创新进程，是否能成功就要看我们是否具备更为广阔的视角，是否拥有"互联网＋"的颠覆式创新思维，是否准备以变革的理念来迎接产业新的未来。

一、开放——摆脱转型恐惧症，打破传统思维

对付恐惧最好的办法就是马上去做恐惧的事情。

——以色列前总理拉宾

在当下的转型期内，各种难以置信的大规模变化都会发生，但是现在一方面看不到企业的有效转型（只是在进行外科手术式的变革）；另一方面，有的公司无比焦虑，无从下手。

哈佛商学院教授约翰·科特专门对大量大型企业进行了变革研究，上百家企业希望通过重新定位而赢得更多的市场竞争优势，其中一部分转型非常成功，但是更多的转型却以失败而告终。

为什么会这样？

首先，根本原因是思维惯性——你还是在按照过去的思维观察现在、预测未来。如果受到思维惯性的限制，你对现状和未来的看法都会受到影响。思维惯性已经成为传统企业在互联网时代最大的隐性病。

正如诺贝尔奖获得者、胃溃疡药的发明者说过，拥有丰富旧技术的人永远不会去拥抱新技术，反而是外部人，这些外部人，由于不能

从现状中得到任何好处，更希望改变。

对于一个转型企业的老板来说，他该如何对待投身多年的公司和行业？从今天开始要像第一次见到、接触到它们一样去面对。而实际上，他们更多是拒绝新技术、新环境，乐于在熟悉的环境中生活，拒绝改变。

其次是缺乏足够的"带宽"。互联网的好处就是缩短了距离。企业的管理者会接收到各种流派的理论，各种繁杂的信息，致使他们在一个不确定的世界中焦头烂额，无法启动自己的改革和变化。应该避免被纷扰信息干扰和对互联网化的焦虑，安排新的"带宽"，启动长远的互联网化目标。

对于"互联网＋"，如果连"＋"是什么都不知道，又如何进行互联网化转型的战略？

资源稀缺状况下人的思维方式的研究表明：穷人和过于忙碌的人有一个共同的思维特质，即注意力被稀缺资源过分占据，造成认知力和判断力的全面下降。

这是心理学、行为经济学和政策研究学者协作的典范。对企业互联网化的改革和创新同样有效，穆来纳森把正在做的国际扶贫研究和自己的问题联系起来，竟然发现他和穷人的焦虑十分相似。穷人们缺少金钱，他缺少时间，两者内在的一致性在于，即便给穷人一笔钱，给拖延症者一些时间，他们也无法很好地利用。

长期的资源稀缺培养出了"稀缺头脑模式"，导致失去决策所需的心力，穆来纳森称之为"带宽"。一个传统企业，为了满足目前你死我活的所需，不得不精打细算，没有任何"带宽"来考虑投资和发展的事宜。

二、创新——过去的已成历史，积极面对现实

你想过最好的生活，就一定会遇上最强的伤害；你想过普通的生活，就会遇到普通的挫折。

诺基亚获得500亿美金的估值用了大约100年，联想用了大约30年，而小米却只用了3年。

不断创新是保持成功唯一的办法。在"互联网＋"时代，适应力比以往任何时候都重要。这时候，你应该卸载曾经不管多么成功的思维模式，快速切断对传统优势的依赖。否则要么在温水中被快乐地煮熟，跌倒在路径依赖之上，要么困扰在思维定式之中。

创新传统的管理手段：让你和你的管理层从神坛上走下来，因为"操控"这个词已经被具有信息完全对称的部下和消费者所遗弃。

创新传统的管理体系：虽然循规蹈矩依然能让你的企业稳步前进，但是在另外一条高速公路上，异军突起、后来者居上的新贵企业们已借助这条互联网化的高速公路快速超过了你。

创新你的管理理念：面对太多的竞争者和非常对称的信息，你要做的是让来自一线的创新传递到整个企业，让你的第二客户——员工（甚至是你看不懂的"85后""90后"员工）成为激情的共同体，卸掉你的KPI，或许像小米、谷歌，甚至阿芙精油一样，重塑你的企业文化。

创新传统产品价值链条：让"企业无边界、管理无领导、供应链无尺度"重新定义你的思维，让超过客户期望值的好产品以及焕然一新的用户体验创造新的价值。

创新你的任何偏见：和以前的成功说再见，要么接受事实——承

认曾经带来所有成功的管理体制已经不具备创新性、适应性，要么卸载——大胆变革和创新，挣脱创新者的困境和枷锁。

创新你过去的成功：一旦一家传统企业成功，那么大部分员工从上至下都会躺在功劳簿上故步自封。在传统产业中过于成功，会蒙蔽了对互联网威胁的感知，曾经的开拓转变为了安于现状，颠覆性的创新变为持续性的创新，不断探索变成坐享其成。为了维护成功，强大的管理体系把互联网变化的适应力增强之路给堵死。越高效的企业越不愿意改变，任何僵化的思维模式对企业转型都是毁灭性的打击。在过去的成功面前，创新与变革变得无所适从。

创新你的充沛资源：成功之后会拥有足够多的资源、员工、资金、市场。在市场竞争中，大家会越来越依赖资源之战，用更多的促销费用、广告费用、产品、折扣去打击对方，也就是用钱去砸死对方。恰恰让人崩溃的是，颠覆性资源往往产生于资源匮乏的探索中，太多的资源只能造成懒惰，封闭了创新思维的发现。

三、洞察——机会一直在身边，寻找行业痛点

尽早发现传统产业变革的信号，能让你一步领先，步步领先。

在公司的组织层级中，越是高层越倾向于拒绝承认那些令人不安、变化的信号，忽视那些已经越来越逼近的威胁。

乔布斯帮助苹果推出 iPhone 智能手机后，诺基亚、摩托罗拉这些大鳄们受到了强烈的冲击。英特尔推出奔腾低端处理器，用技术创新的力量将整个产业做成仅剩下寡头相争的格局。美国的诸多小钢厂从低端的技术创新开始，进入钢铁行业，并不断向上吞噬高端钢铁市场

的份额，到最后致使钢铁产业仅仅剩下几个巨头。

可以看出，这些企业都是用变革的力量改变了整个行业，并形成了强大的竞争实力。

"互联网＋"的启动点就是传统产业向互联网化进化，更是创新推动产业变革的引爆点。在准确地把握变化之后，才可制定较为合适的政策。能够产生互联网化创新的地方，也往往是消费群体变化的地方，更是增长点。核心信号的评估在于三类顾客群。

（1）全新消费者：消费任何产品或者只在特定情况下才消费的消费者。市场变化的信号在于，互联网化可帮助人们更加顺利地完成他们设法想要完成的工作，例如，利用微信进行订餐、团购等。这种市场往往会出现破坏性创新。

（2）延伸消费者：为创新产品付出溢价，但是如何找到他们的新需求以及如何使他们付出更多的溢价，将产生一些显著的变化。这种市场以延续性创新为主。

（3）饱和消费者：不愿意为产品的改进付出溢价，即产品提供过度的价值，此价值远高于行业的平均水平，而消费者却不认可。市场的信号在于，新模式服务不太苛求的顾客，此类消费者市场以低端破坏性创新、替代性创新为主。

我们的机会就是满足不同消费者，通过破坏性创新可以获取全新消费者；通过高端持续性创新可以获取延伸消费者；通过低端破坏性创新可以获取饱和消费者。

四、革新——竞争力就是革新，微创新是亮点

互联网化转型是一件需要冒风险的战略性工作，如同涅槃重生、脱胎换骨，如同企业初创，一切要从原点开始。

第一，要有互联网企业文化。每个行业都有自己的核心组织原则，人们在做出决策、应对挑战和开拓创新时都会遵照这个原则。

任何一个行业和企业的价值观或企业文化是否将互联网化创新的因素植入其中，对于现实"互联网＋"创新驱动重启有重要的意义。

必须把互联网化的革新当成一项战略，才有可能培养和提高行业的创新能力，并最终将其转化为持续的竞争优势。例如，对于销售人员来说，是优先卖新产品，还是继续卖老产品；是优先考虑互联网渠道，还是优先考虑传统渠道。当我们嘴上喊着转型，而在做决策时却选择"舒适区"，那企业就会很危险。

第二，要有新的能力框架。我们根据克里斯坦森的能力框架模型，重启互联网化的创新驱动主要依靠两个方面的因素：是否具备动机、是否具备能力。

具备动机，是指愿不愿意互联网化并转型，长远的战略眼光是动机，激烈的竞争是动机，被互联网企业打得上气不接下气也是动机。

具备能力，是指企业获取"互联网＋"创新的资源，将互联网这种资源转化为产品或服务并提供给消费者的能力。

第三，革新的流程体系。资源投入转化为产品或者更大价值的过程中的互动、协调、沟通、决策以及所采用的模式就是流程（或者也成为体系、创新的模式），包括产品的开发和制造的方式、采购、市场研究、预算、员工发展以及资源分配的实现方法。

"互联网＋"创新驱动流程必须针对互联网为消费者提供价值或者解决特定任务，为此专门设计的流程才会有效运转。

第四，革新的人才队伍。互联网化的转型不可能由一个人包揽下来，这时候，就需要一支具有移动互联网化转型的队伍，分工在不同的工作、不同的职能中，分成不同独立的小单元或者自组织，贯穿在整个组织之中。

我们要知道颠覆式创新和持续性创新不同，其理念、价值观、流程和资源分配方式都不同，这使得管理两个创新人才的方法也有所不同。因此，在传统企业中成长起来的人才不一定适合互联网化的革新。

五、文化——文化力才是命脉，打造精神产品

颠覆性的技术通常都是从边缘、从外面引申而来的。

具备强大的互联网企业文化，才能具备互联网创新的基因。互联网化的颠覆式创新有如下特点：

1. 创新将由新团队产生

美国雀巢公司深知大型公司推行颠覆式创新的难度，因为这要从成熟的业务中抽出资源或者放着好好的老市场、老产品不做，偏偏搞新产品；放着大把眼前的钱不赚，颠覆式创新的市场和产品能挣几个钱啊！在产品更新换代中，新产品可能还会对老产品造成冲击，比如转型初期的苏宁同样遇到了线上业务影响线下业务的问题。

但是被自己的线上业务PK掉，总比被竞争对手干掉要舒服一些。移动互联网转型之路虽然艰苦，但是总要走下去，掉队即死亡。

在传统的市场上创造新的市场，传统企业的规模、优势、历史、文化，

既是最大的资源，又是最大的障碍。雀巢公司的 CEO 毛赫非常明白这一点。

在超越传统的思维方式驱动下，他做了非常英明的安排——开发 Nespresso 产品。

Nespresso 是雀巢公司的胶囊式咖啡机及相关产品的品牌。胶囊式咖啡机定位于家用和办公室用。胶囊式咖啡机的操作比半自动咖啡机和全自动咖啡机简单得多，往往只需一个按钮就可以完成操作。另外胶囊咖啡机因为其独到的工作方式也省去了全自动咖啡机的磨豆等部件，使其体积更轻巧，成本更低廉。但胶囊式咖啡机最大的特点是不能磨豆、不能使用咖啡粉进行冲泡，只能使用专门的咖啡胶囊，也因此使它的推广受到极大的限制。

因此，雀巢公司专门成立了一家全资的独立子公司，独立的公司也不用遵循水类、奶粉类等其他部门的各种规则，也不用在各个品类中排名，更不用烦扰卖水的、卖奶粉的去卖咖啡机。这样可以避免受到母公司的烦扰，以及其他品类的骚扰，也避免了母公司财务部门的盈利压力。

如果互联网化转型的创新和变革项目与传统项目在同一组织，那就会与它们进行优先顺序比较，很难冒出头来，新的实验处在萌芽期，如果回报率、利润额和传统项目在同一起跑线上比较，企业一定会死掉。

2. 相当于二次创业

市场没有被移动互联网抢夺的时候，传统企业基本上处于产业的顶点，利润丰厚，日子舒坦。谁愿意在移动互联网这个本身不熟悉、流程不相同、理念不一致的领域，去尝试或者探索一些可能会成为未来主流的东西？

移动互联网企业和传统企业出现了两种不同的极端，选择是异常艰难的：

传统企业"互联网＋"的创新具有高风险、高不确定性，需要与传统企业完全不同的文化和流程；而传统企业已经占据产业高点，利润丰厚、预期明确。

传统领域的产品消费者、市场、利润、生产流程已知，一切是稳定而且完美的；而刚刚开始的"互联网＋"产品却是消费者、需求、功能未知，甚至明天的事情要到后天才知道，一不小心就会前功尽弃。

3. 必须打破自己的舒适圈

温水煮青蛙的实验大家都知道。

实验人员将青蛙投入已经煮沸的开水中，青蛙因受不了突如其来的高温刺激，立即奋力从开水中跳出来得以成功逃生。当科研人员把青蛙先放入装着冷水的容器中，然后慢慢加热，结果就不一样了。青蛙反倒因为开始时水温的舒适而在水中悠然自得。当青蛙发现无法忍受高温时，已经心有余而力不足了，不知不觉就被煮死在热水中。

我们人类也有一个舒适区，又称为心理舒适区。在这个区域里，每个人都会觉得舒服、放松、稳定，能够掌控，很有安全感。一旦走出这个区域，人们就会感到别扭、不舒服，或者不习惯。

同样，企业也有一个舒适区，对现状满意，没有强烈的改变欲望，也不会主动付出太多的努力，所有的行为无非是为了保持舒适的感觉而已。沉溺于舒适区的人，会感到非常惬意舒服，察觉不到任何真正的压力，没有危机感，甚至产生自我麻痹感。

我们能看到，主流、成熟的大企业一样会有舒适区，也通常会把创新资源集中在持续性创新之上，比如更好的产品、更好的改进、更高的利润；其决定性的力量，不仅仅来自于主流消费群体，更来自于舒适区，也来自于非长期的战略。

4. 坚持创新的脚步

"移动互联网+"的发展是未来可持续增长的动力，如要成功转型，就需要一个独立的组织，一个隔离于母企业传统文化、流程的组织，一个相对较好的方案。

在持续性创新继续坚持，但是"移动互联网+"的颠覆式创新又不能完全形成的时候，要求你能够在颠覆式创新中及时、成功地确立市场地位，最好的方法是设立一个独立机构或者独立单元，专门面向颠覆式创新独立展开新业务，让两种创新各行其道。

六、模式——自己变到助人变，投资将是高地

"商业模式"一词第一次出现在 20 世纪 50 年代，90 年代开始被广泛使用和传播，到现在的移动互联网时代，其使用频率依然不减当年。一个好的商业模式是成功的一半。

公司通过什么途径或方式来赚钱。简而言之，饮料公司通过卖饮料来赚钱，快递公司通过送快递来赚钱，网络公司通过点击率来赚钱，超市通过平台和仓储来赚钱等。只要有钱赚的地方，就有商业模式存在。

1. 模式重构

在移动互联网时代，商业模式随着技术、消费群体以及消费行为的改变，无时无刻不在重构和迭代。

现在工作节奏非常快，当上班族工作了一天，下班回家还要买菜、做饭，确实累人。如果提前一天就在网上订好半成品的净菜，在离家

最近的地铁口附近有提货的生鲜门店，拿回家三两下就做熟上桌，岂不省事省心？上班族在网上下单，商家准备好客户购买的食材，切割搭配，上班族下班后在地铁口取半成品菜盒，回家后直接下厨。宅配模式使物流成本随客单量的提升而直线上升，商家选择了配送成本更低的自提模式。

因为经济条件的限制，这些消费群体对品质要求不会很高，青椒肉丝、红烧茄子即能满足，要求高点儿的也不过是来个糖醋排骨。但是商家一定要保证食材的新鲜干净。这就是一个从需求到模式的重构。

2. 市场比重

在亿元级补贴打车APP的背后，实质是为了改变用户习惯，将乘客和司机聚合在双边平台上，掌握流量的入口，一旦用户习惯改变，网络平台将会无情地盘剥盈利空间已经微薄的出租车产业利润，或者在出租车资源紧张时，加收乘客小费。

在德国，几乎每一家航空公司都有自己的APP，商业化的APP基本上没有用武之地。若出租车公司有自己的APP，那滴滴打车就很难占领市场。这是因为传统产业借助自己的优势，在互联网企业下手之前，提前实施了"互联网＋"的结果。

当互联网技术和商业模式并非新兴的互联网公司所独有的时候，传统企业的绝地反击就开始了。

3. 转型反击

互联网或者移动互联网平台在尽量消灭信息不对称的时候，也减少了中介的存在，实际上，互联网或移动互联网平台正是新的中介，而这种中介更加高效，在产业结构中就自然地代替了低效的结构。

尽管传统企业担心损伤线下的利益，不愿意做电商，但最后都主动或者被动地拥抱了电商平台，即所谓"拥抱互联网""拥抱移动互联网"。餐厅老板也十分纠结于团购平台，低价的团购在一定程度上还损伤了品牌的定位；电影院线的老板也不得不一边依赖于线上的订票平台，一边又痛恨线上订票平台的盘剥——互联网企业利用传统企业的资源，抢走了原本属于传统企业的用户，而且聚集了竞争对手的用户，更重要的是，互联网企业还带走了原本属于传统企业的利润。

你需要移动互联网，归根到底是移动互联网更需要你。你需要做的就是守住商业的根本，回归商业的本源：产品品质、服务或者品牌。

移动互联网时代的平台竞争对传统企业更有利。当多个平台竞争的时候，传统企业很容易获得有利位置。特别是当垄断型平台出现的时候，小的平台也是一种好的选择。只要能够聚合客户，增加客户黏度，提高服务，即使平台再小，也一样能够用出"扫地僧"的水平。

所以，你需要的不仅仅是"互联网＋"，更是传统产业＋移动互联网。

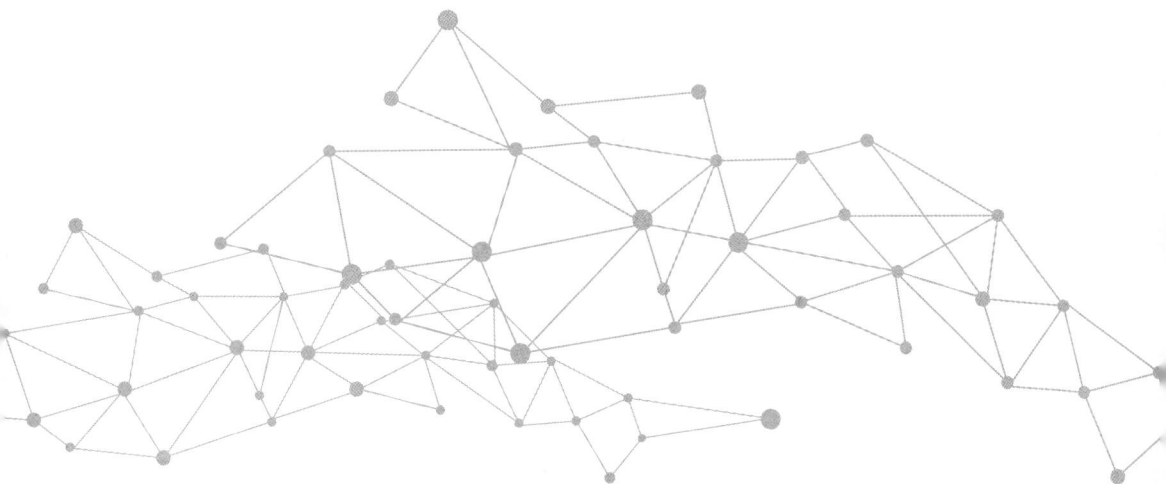

第二篇

"互联网+"时代的营销方法论

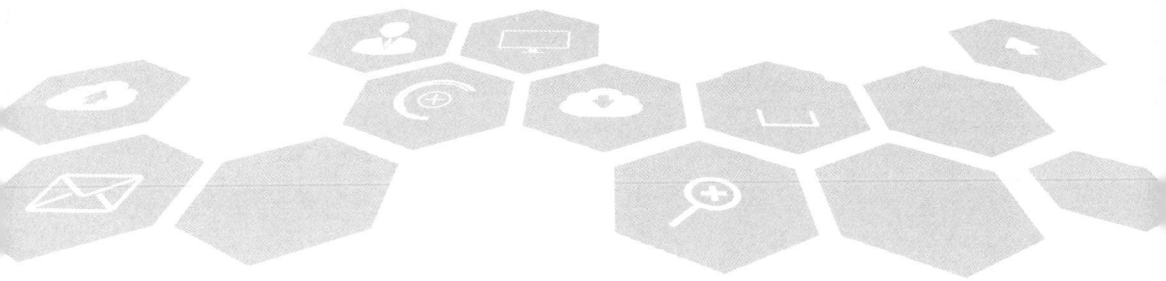

第5章 线上推广展示的7个途径

020（Online to Offline）这个概念是 2011 年由 Alex Rampell 提出来的，即将线下商务的机会与互联网结合在了一起，让互联网成为线下交易的前台。这样线下服务就可以用线上来揽客，消费者可以用线上来筛选服务，还有成交可以在线结算，很快达到规模。

020 的精髓是线上和线下的有机结合，运用一系列线上的互动引流，在线下展开体验服务，最终完成整个消费过程。

一、网页推广"霸屏系统"

目标：把品牌或者产品放到网上。

解决：顾客可以从网上了解你的问题。

分为 PC 端网站和手机端网站，PC 网页是以浏览器输入网址为进入的方法。手机端网页可以链接的方式植入在其他的平台。用户点击后进入网页，可以实现产品宣传、购买、支付等一系列功能。这类商户的流量通常来自搜索引擎，例如，要找淘点赞公司，你可以输入：www.mmtdz.com，就可以进入淘点赞公司的网站，了解公司相关信息。

很多人疑问：我也做了网站了，怎么没有人找到我呀？互联网的世界是一个类似外太空的黑暗无边的世界，你的存在可能只有你自己知道，如果你没有发出任何信息的话，就会淹没在无边无际的黑暗里。

今天的互联网已经进入到一个高度竞争的时代，几乎所有的公司都有网站，所以有个网站也不足以为你带来客户。

我们先来了解一下人们在使用互联网工具时的行为习惯。

比如，求职。现在的求职者投简历都是批量发送，一下发送几十份简历，发了谁家自己都不清楚。收到一些公司面试邀请后，求职者需要先了解一下这些公司的情况，这就需要上网搜一下。

如果搜到公司甲的信息很多，而且公司的实力很强（这里的很强是指他看到的信息），而其他几家的信息比较少，内容也单一。那么员工会选哪一家？在还没有面试的时候，求职者就已经心有所属了。当一个已经对公司心有所属的求职者来面试时，他需要的就是公司能给他一个机会；对于其他的几家公司，都是属于比较的对象，除非其他几家给出特别优厚的待遇，否则这个员工一定会选心有所属的那家公司。

再比如，你是一个水平非常不错的造型师，有自己的一群粉丝。这些人都是你的老客户，他们都很喜欢你的手艺；而你也是一个非常用心的造型师，也参加了很多学习，也拿了一些奖项。你的粉丝对你的满意度一定是 100 分，偶尔也会告诉他的朋友，他认识一个手艺非常不错的造型师，可能会给你带来几个新客户。在这些因素都没有改变的情况下，如果你用一套全网霸屏系统，在网上一搜你的名字就会出现这个屏幕都是关于你的各种介绍。有参赛的，有得奖的，有被采访的，有客户表扬的，有权威机构认证的……你的粉丝一旦看到这些信息，他心中就会觉得很爽，原来给他们做造型的是一位非常有名气的老师。这样一来他们对你的认可度一定会从 100 分增加到 120 分。当他们再和朋友分享的时候，一定会更有面子。这样一来你的知名度就会迅速传播，你的新粉丝就会迅速增加。

互联网思维的传播方式，需要把握三个核心：权威性、覆盖率、永久度。

权威性：在网上看到的信息一定是由权威机构发出的，而不是杂乱网站发布的。

覆盖率：如果信息只有一两条或者很少的几条，那么在今天的互联网是不具备影响力和信任度的，必须要做到前几页全是你的信息，最少也要是第一页全是你的信息。

永久度：你的信息要一直留在网上，可以越来越多，不能昙花一现。

现在有很多网络也开始转型了，他们从原来做网站，升级到为客户做互联网品牌传播系统。比如美盟电子商务有限公司，他们就是专门为客户制作互联网品牌传播系统的。他们还起了一个非常霸气的名字——全网霸屏系统。

通过好的形式把公司或者个人的品牌展现在更多人面前，把自己的实力让客户感知到、体验到，从而产生信任。这是互联网时代最重要的工作。互联网购买的不是产品，是信任。这是马云的话，也是互联网真实的写照。

优点：大众对上网搜索的概念比较熟悉。

缺点：进入移动互联网时代，由于公司不会传播自己的实力，导致客户搜不到公司想展示的精准内容。

二、自建独立的 APP 营销

APP 是目前移动互联网时代最常用的工具之一，可以放在手机桌面上，进入非常方便。比如手机上的微信、淘宝、支付宝这些图标都属于 APP，可以在应用商店自行下载。而且 APP 的功能可以根据自己的需要来设计，可以实现购物、社交、游戏等所有功能。

优点：高大上，是所有大公司的必然选择。

缺点：制作成本、传播成本、维护成本都非常高。

三、微信商城推广

微信公众号将是企业未来的兵家必争之地。首先借用微信之父张小龙的原话来让大家了解微信公众号的理念和目标。

在微信公众平台上有一个口号，就是"再小的个体，都有自己的品牌"。这句话据张小龙说，最早来自设计这个公众平台的时候，他们在想目标是什么，要做一个什么样的事情，最终在所有的想法中提炼出来这样一句话。张小龙在微信公开课专业版上，通过八点，对这个口号做了一次比较细致的阐述。

1. 有价值的服务

之所以鼓励对用户有价值的内容和服务，鼓励公众平台产生越来越多且好的原创文章，也会采取一些比较严格的措施来控制，如各种诱导类的，可能有一些版权问题的内容，或者一些移动端的网络游戏。

2. 消除地理限制

地理位置上的距离曾经是商业上的一个重要因素，如一个商铺可能要找一个非常好的地段才会有价值。而互联网带动人们的交流跨越了地理上的限制，特别是进入移动互联网以来，人们的交流可以轻松地跨越时间和空间的制约。移动互联网的人流其实不太受限于地理位置。

3. 消除中介

微信希望商家通过公众平台直接提供一种服务，鼓励商家和消费者能够在公众平台里直接对话。这种服务之所以有可能，是因为如果商家和消费者都卷入到公众平台，那么他们是可以互相连接起来的。

4. 真正去中心化

微信鼓励第三方去中心化，因为微信不会为所有的公众平台方、第三方提供一个中心化的流量入口。移动互联网时代，流量的入口可能在二维码里面。所以，微信很早以前就开始大力推动二维码在中国的普及。因为在线下人们需要一种介质，能够让手机连接到某一种服务，二维码就是一种很好的方式。微信里面没有一种中心化公众号的存在，它鼓励所有的商家或者第三方服务商能够通过公众平台，自发组织各种资源。

5. 一个生态系统

微信希望基于微信搭建一个生态系统，而不是我们自己把生态系统里面的每一块都给做了。简单说，我们是希望培养一个森林，而不是建造一座自己的宫殿。我们希望培育森林的环境，让所有的生物能够在森林里自由生长出来，而不是我们自己把它建造出来。

6. 一个动态的系统

微信并不认为一个规则 100% 确定的系统就是一个好的系统。相反，一个动态的系统是一个更加能够获得动态稳定的系统。所以，应该是微信和第三方一起来共同建造一个系统，而不是微信做好一个完整的系统。相反，这个系统应该是一个动态自我完善的系统，而不是一个僵死的系统，甚至整个系统也是微信和第三方一起定义出来的。变化就是让系统能够获得一种动态的稳定。

7. 关于社交流量

在微信里很少会提供一个中心化的流量入口，但是并不妨碍很多需要流量的场景应用能够被激活。比如说微信里的微信红包、微信游戏，甚至包括一些与硬件相关的运动类手环。

8. 所有的考虑都基于一个前提，就是用户价值第一

微信最终必须把用户价值放在第一位，否则，可能会损害到整个平台的健康。比如朋友圈的管理，用户的确需要在朋友圈里看到各式各样的内容，但也需要治理，将一些骚扰到用户或用户不愿意看到的内容清理出去。

以微信公众号为入口的移动商城。用户首先关注企业的微信公众号，然后从底部菜单的链接进入商品页面。可以浏览、购物、支付。现在免费的微信端商城平台有微店、有赞等。商户也可以选择付费自建微信商城，具体的价格依照功能而定。

优点：成本低，功能全，效率高。

缺点：第一入口是微信公众号，对数据的把控不牢靠。

四、各个电商平台推广

借助现有的电商平台开设自己的店铺。目前最主流的就是天猫、淘宝、京东、苏宁易购。在2015年的"双11",单日销售过亿的店铺就超过20个。这些电商平台占据了目前电子商务的大部分市场,但是也趋于饱和。由于网络辐射速度是线下的数百部,所以也造成了线上竞争激烈程度远超线下店的现象。在线上的盈利比例是"一将功成万骨枯",超过九成的商家是艰难盈利的。

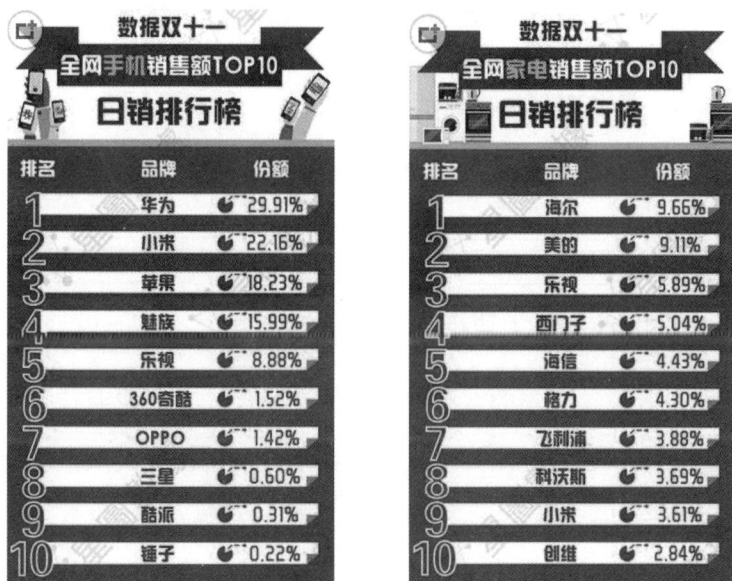

2015年"双11"数据统计及店铺销售额排名

优点:平台本身流量大。

缺点:购买流量的成本非常高。

五、各行业垂直电商平台推广

自营的电商平台，如唯品会、聚美优品，商家可以提供商品，共同分享销售额。2013 年是垂直电商的巅峰期，现在面对综合电商平台的挤压，竞争激烈程度也在加剧，而且商家的利润空间一再降低。

优点：入驻商家的流量由平台提供。

缺点：对品牌要求高、利润极低。

六、通过餐饮类 O2O 平台推广

餐饮企业经过几年的洗牌，团购浪潮已经结束，取而代之的是外卖网站。以饿了么、美团外卖、百度糯米、口碑网、大众点评等为主的外卖网站。

大众点评网　　　　美团网　　　　饿了么　　　　糯米网

优点：操作简单，不增加自身的工作量。

缺点：只适合餐饮企业、服务半径小。

七、其他细分市场的 O2O 平台推广

其实上面的外卖网站就属于餐饮业的 O2O 平台，之所以单独列出来，是因为这类平台已经非常成熟，非常有影响力。除此以外，还有其他很多行业都可以做自己的 O2O 平台。但是目前还没有出现成熟的平台，这将是下一个风口。比如专注于传统美业转型的"淘点赞"和聚焦于旅游社交的"驴脸"。

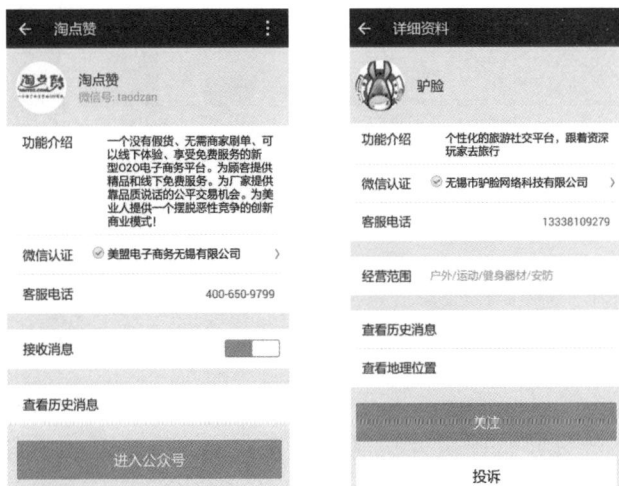

优点：将线下资源向线上放大。

缺点：行业处在萌芽期，选择成本较高。

八、线上支付工具的运用

解决了顾客找到你的问题后，就要解决如何购买的问题，也就是顾客付钱的问题。下面给大家介绍一下目前主流的支付工具。

支付宝、财付通、银联在线，这三个是目前使用频率最高的支

付工具。

虽然各家平台的后台接入规则不同，但是技术方面很容易找到专业的人解决。作为企业家需要知道的是有哪些工具可以使用就可以了。

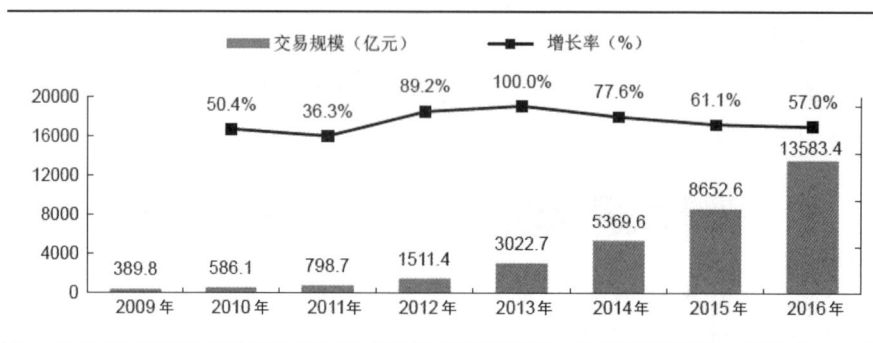

移动支付上升趋势分析图

关于手续费的问题，各家平台都不同，通常都不会超过3%。但是移动支付已经成为未来的主流。这是每一个商家都必须马上行动、跟上节奏的必须环节。

支付平台只要是国家发放牌照的都没有问题，关键在于支付问题不是企业转型的核心问题，只是工具而已。本着方便客户原则，客户用哪个方便就选哪个，但是必须开通这个功能。

在移动互联网时代，把体验做到极致是最根本的事；把商品放到用户的手机里是最有效的事；把碎片时间玩起来是最受欢迎的事。而寻找一个适合自己的平台和模式，是做到这一切的基础。

对于传统企业来说，自己从0到1的颠覆会比较难，但是从1到N的升级会比较简单。因此对于大量传统企业来说，万分之一的人有机会自己创造一个平台，所以我坚决反对全民谈颠覆，因为绝大部分人不是乔布斯，而大多数升级转型者将会成为这一轮经济浪潮的赢家。

第6章 "互联网+"时代推广媒体的变化

线上能看到，能下单，是不是就解决问题了？ NO，线上最难的问题是传播。线下门店一开，路过的人就看到了；可是线上是没有一个过路人的，必须要不断地把你的信息传播出去。

很多人觉得线下店生意不好了，在网上开个店会很好。因为生意都跑到线上去了，其实这是最大的误区。线上店如果没有传播就像在黑夜中卖菜，没有一个人会看到你。

线上传播主要分为两大模式：一个叫自媒体，一个叫他媒体。

一、自媒体——去中心化，让每个人都成为媒体

所谓自媒体，就是自己本身是一个媒体发布平台，拥有自己的读者。有人说就是有自己的粉丝呗。NO，读者不是粉丝。读者是对你传播的信息感兴趣，而粉丝是对你的产品感兴趣。

自媒体也有很多载体：今日头条、微信、微博、博客、社区、YY、360自媒体……

在所有的自媒体平台中，成本最低、可以持续积累用户数据的，就是微信公众号。目前申请微信公众号是免费的，申请认证和开通支付功能，需要300元的认证费。

微信自媒体的玩法：

（1）公众号的申请。申请公司的公众号，需要有营业执照等三证。认证时间3～7个工作日。申请个人公众号需要本人持身份证拍照认证。

（2）公众号的定位。公众号分为三个版本：服务号、订阅号、企业号。

服务号适合销售商品，为客户提供日常服务。每个月可以发四次图文消息，消息直接送到粉丝（指关注公众号的个人微信）的微信首页。

订阅号适合做咨询或者资讯平台。它可以天天发布消息。但是所有的订阅号不在首页，统统在一个子文件夹里。要先进入"订阅号"这个文件夹，再找到你的公众号。运营这种订阅号就要求你的内容是有高度吸引力的，能够牢牢抓住读者，让读者定期主动找到你进行阅读。

企业号是微信为企业管理内部团队而推出的，功能类似于一些企业管理软件。当然目前这类软件也比较多。

（3）公众号的装修。公众号注册好了，就要开始装修。这个原理就和买了毛坯房一样，先装修才能使用。这里的装修从客户关注你的体验开始。

装修1：平台介绍，这是用户对你的第一印象，要明确告诉别人你是干什么的，并且表现形式要和你的内容定位一致。比如是体现专业，还是表现幽默？是屌丝，还是高富帅？

装修2：欢迎语。当用户确定关注你，也就是成为你的粉丝后立刻会收到微信系统发送的一条欢迎语。利用好这个欢迎语会让用户对你的平台的好感倍增，从而为用户进一步了解你的平台打下基础。

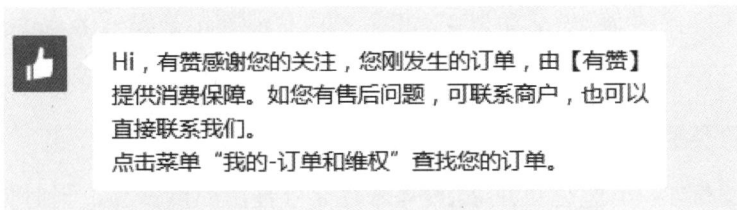

装修3：底部菜单，这里的设置要求是精准。因为手机端显示页面有限，不像 PC 端的网页，可以有一排导航。这里的底部导航一般设置成 3 个按键，要把最核心的三个类别放在这里。

装修4：内部页面，用户点击底部导航进入内容浏览。记住，互联网时代是拼颜值的时代。公司对外展示的每一寸领土都要做到高颜值，因为颜值时代讲的是第一印象，所有内容必须要经过美工设计后再上传。

（4）公众号的推广。当有了一个自主的移动端展示平台后，最重要的工作就是推广。再好看的姑娘，没人知道也是白搭。如何才能快速推广呢？

推广绝招 1：全员分享。每次公众号发布公司任何消息，公司所有人必须第一时间朋友圈转发。只要你的内容

足够有意思，就能形成朋友圈裂变。

推广绝招 2：做活动裂变。互联网时代一切都是娱乐化。通过好玩的活动满足用户的好奇心和贪心，就能形成网络裂变。最有效的活动是砍价类的、集赞类的、投票类的等。

案例 1：美盟公司在 2015 年 9 月 3 号推出一款产品，当时使用了一个推广工具"裂变大师"，抓住抗战的节日，推出一个游戏叫"打倒安司令"，利用砍日本鬼子、消灭安倍连队的游戏，一下子引爆朋友圈，单日粉丝增加数就达到 14 万多。

案例 2：江苏一家电动车公司，搞了一个砍价的游戏，一个月就吸引了 18 多万人参与，用的也是"裂变大师"这个工具。

推广绝招 3：利用微信吸粉工具。有人的地方就有商机。现在微信成为移动互联网最重要的入口，当然会出现很多新机会。现在有一个非常好的吸粉方法，就是通过个人微信号推荐公众号，这是效率非常高的。每个个人微信号最多可以加 5000 个好友，如果公司有 100 个这样的个人微信号，就等于有 50 万粉丝。然后再把公众号推荐给这 50 万粉丝，公众号一下子就火了。

案例：领袖苏商是一家颇具规模的教育机构。公司的领导人非常有互联网思维，在组建公司新的销售团队的时候，就给公司每个客服人员配了一个微信号（公司统一申请的，所有权归公司所有，即使员工离职了，客户数据依然留在工作号里）。随后要求每个客服人员配备一部"好友多多"（一种微信营销手机，具有自动加粉丝、自动维护等功能）手机，把各自服务的老客户和新开发的客户微信都加为这个工作号的好友。公司 20 个客服人员，经过 2 个月的积累，公司一下多了几万个高活跃度的微信客户。

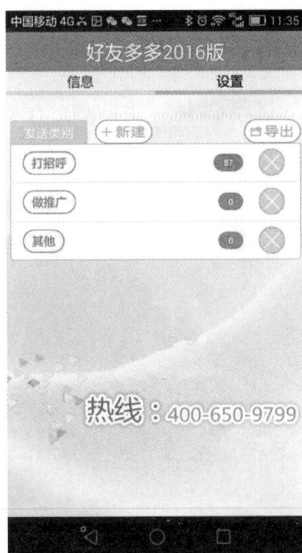

优点：低成本传播，读者黏度高。

缺点：对运营者的个人素质要求极高，非常人可为。

二、他媒体——借助平台，让传播产生裂变效应

所谓他媒体，就是借助其他平台推广，说白了就是付钱做广告。

广告费是目前所有互联网公司盈利的第一大来源，每一个用户数量大的互联网平台都是广告的投放地点，所以你要分析顾客群体，然后找到相对应的人群聚集的平台。

收费模式主要分为三种：点击收费、展示收费、竞价收费。

搜索类的平台会采用竞价收费，典型代表：百度、淘宝。

资讯类和社交类的平台会采用展示和点击收费，典型代表：QQ、微信、今日头条。

目前你能使用到的主流的网络工具，都可以投放广告。在投放之前要做好广告的内容。投放就是花钱解决的事，好办。大功夫要花在广告的内容制作上，让人看了以后产生信任感，从而产生购买欲。当然这一切的前提是产品过关。

总结：自己会玩的就做自媒体，否则就花钱做广告。一产品、二内容、三推广，此顺序不可颠倒。没有前三个就想着推广，一推成爆款的心态要不得。

三、O2O 营销模式的意义

O2O 营销模式又称离线商务模式，是指线上营销线上购买带动线下经营和线下消费。根据线上线下的先后关系，又可以分为从线上到线下、从线下到线上两种 O2O 营销模式。

1.线上到线下

这种模式在互联网发展的早期即已出现，将线上的人群引到线下消费，给线下实体店带来更多的客户，同时让消费者更方便、快捷、实惠，如下图所示：

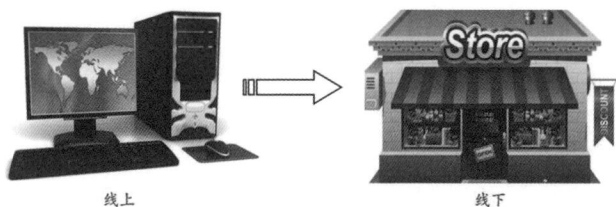

线上　　　　　　　　　　线下

这种模式出现的时间较早，代表模式主要有两种。一种是以携程为代表的在线旅游模式：用户通过线上购买机票或者预定酒店，可直接乘坐飞机或入住酒店；另一种是线上购买优惠券模式：如线上购买肯德基、麦当劳等优惠券，在线下实体店消费时出示，享受优惠。

对于商家企业来说，从线上互联网到线下实体店消费的模式，难点有二：一是线上到线下的转化率，也就是订单数与实际到客数的平衡；二是线上支付的安全。

2.线下到线上

随着网络的飞速发展，O2O也发展成另一种方式——反向O2O，即线下到线上（Offline To Online）。其主要核心是利用线下的信息展示渠道及各种线下推广活动等，将用户引导至线上。随后可能再借由线上到线下的反向转移，促进线下销售，如下图所示：

线上　　　　　　　　　　线下

在线下到线上模式中，二维码的应用最为常见。作为连接线下线上的桥梁，二维码是线下到线上引流非常好的工具，卖家可以将二维码印制在包裹、宣传单、商品包装、杂志、广告、公交站牌等处，让商家的店铺无处不在。

同时这也是个人创业者最常用的营销工具，一方面可以利用庞大的手机客户端的应用群体，增加商家曝光率；另一方面营销成本很低，适合资金不足的创业者。

那么O2O模式在传统美业的线下门店如何运用呢？在下一章我们将专门剖析这个问题。其实美业是个万亿级的大市场，对于所有线下服务型的产业都具有代表意义。所谓窥斑见豹，通过对一个点的深入研究，对整个传统服务业都具有极大的意义。

第7章 "互联网＋"时代二维码的运用

二维码是移动互联网时代最显著的标志之一。二维码将是未来最重要的O2O入口。通俗点说，就是未来要上网了解某个东西，将不需要输入网址，而是变成扫一扫。以后的电子说明书也是扫一扫。二维码相当于进门卡，一扫就进入。本章将重点介绍二维码的运用案例。

一、二维码基本定义及分类

二维码（2-Dimensional Bar Code），又被称为二维条码，是指在一维条码的基础上扩展出另一维具有可读性的条码，使用黑白矩形图案表示二进制数据，被设备扫描后可获得其中所包含的信息。

二维码比一维条码记载数据量更多，而且可以记载更复杂的数据，比如图片、网络链接等。

二维码的分类：

1.堆叠式／行排式二维码

堆叠式／行排式二维码（又称堆积式二维条码或层排式二维条码），

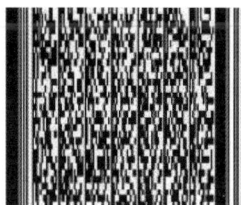

PDF417

线性堆叠式二维码

其编码原理建立在一维条码基础之上，按需要堆积成二行或多行。

2. 矩阵式二维码

矩阵式二维码（又称棋盘式二维条码）是在一个矩形空间通过黑、白像素在矩阵中的不同分布进行编码的。

二、二维码与移动营销应用

近几年，二维码和手机摄像头的配合产生了多种多样的应用，用户利用手机二维码对商品或服务进行搜索和浏览，通过扫码还可以查询打折，方便地进行网络购物和网上支付。

随着移动互联网时代的到来，位置服务、机票订购、酒店服务和团购等都可以利用手机二维码实现，既方便用户检索、存储商品信息，也方便用户消费。

那么，二维码在移动营销里主要表现在哪些方面呢？

1. 打折

用户通过扫描手机二维码，在移动互联网上即时获得商户详情、打折信息、产品介绍等内容。

2. 比价

二维码瞬间可扫描出商品结果，速度非常快，之后即可联网查看相关信息，如简介（包括商品名、封面、主要内容等）、评论和网上售价等，用户可以分别在比价记录和浏览记录中查看。

3. 支付

商家可以把账户、价格等交易信息编码成二维码，并在各种报纸、杂志、地铁等载体上发布；用户使用手机扫描二维码，便可实现与商户支付宝账户的支付结算。

4. 查询

消费者只需通过带摄像头的手机拍摄二维码，就能查询产品的相关信息，查询的记录都会保留在系统内，一旦产品需要召回就可以直接发送短信给消费者，实现精准召回。

彼得·德鲁克（Peter Drucker）曾经说："商业行为唯一有效的目标就是创造顾客。"同理，营销行为唯一有效的目标就是创造有价值的顾客体验。

三、二维码与 O2O 模式应用

1. 会员卡

电子会员卡（电子 VIP）即手机会员卡，商家把用户的信息输入手机之后，加入到会员系统当中，然后把生成该用户的会员卡相关信息的二维码发送到用户的手机，会员消费只需要用该二维码在扫描设备上扫一下，验证通过后即可享受会员的相关服务，从而完成交易，如下图所示：

电子会员卡与传统会员卡最大的区别在于，传统会员卡有实体的卡片，而电子会员卡则是以二维码的形式存于手机上，具有携带方便、制作成本低等优点。

2. 电子票务

二维码电子票务是通过网站电话等方式，购买电影票、演唱会票、音乐会票、体育比赛入场券等。用户携带手机到入场口，打开二维码电子票的图片，在二维码读取器上一盖，即可验票入场。

3. 电子提货券

随着智能手机不断普及，"电子凭证提货"模式取代传统提货凭证，为商家降低了物流配送成本，为消费者提供了便利。

电子提货券解决了（移动）互联网电子商务要求安全性高和电子

物流的难题，以简单、低成本、高效的方式提供条码电子凭证服务，构建了新型电子商务业务应用，创新了营销手段，使传统企业线上线下结合的网络营销瓶颈迎刃而解。

4.电子优惠券

二维码电子券是根据市场需求结合手机与二维码技术的一套电子优惠券系统，商家向客户手机发送二维码电子券，客户消费时只需调出手机中收到的二维码电子券，验证通过即可完成购买，整个发放过程无纸化、低碳环保、高效便捷、安全新颖、省时省力，如下图所示：

四、二维码的其他常见应用

对于二维码的应用，腾讯公司 CEO 马化腾明确指出："未来二维码将成为移动互联网的重要入口。"随着移动互联网的快速发展、智能手机和 4G 网络日益普及、二维码和智能手机的结合，二维码在物流、交通、军事、医疗和商业领域得以广泛应用。

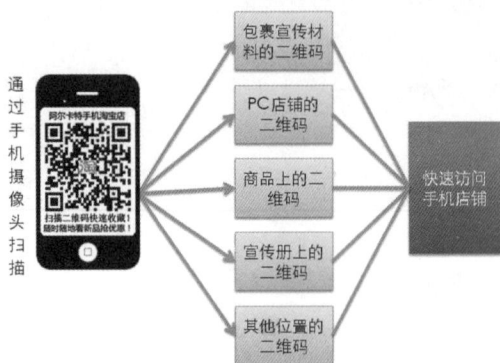

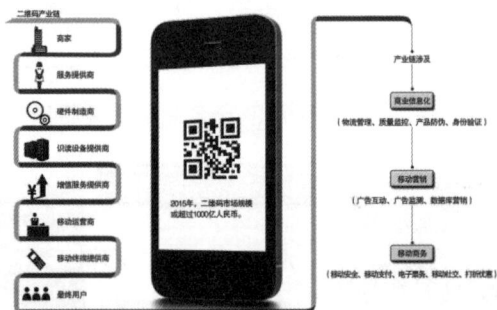

五、创意应用——经典二维码实战案例

如今，"二维码"已经不是一个陌生的词汇，这个由黑白小方格组成的矩阵图案，只需用手机轻松一扫，就可获得意想不到的丰富信息。二维码营销方式因其创新性、互动性，让传统广告从"反感扰人"变得"亲切宜人"。

下面分享几个用二维码进行营销的创造性的、好玩的、有趣的例子，供大家参考。希望有意向进行二维码营销的商家企业，可以从这些经典的二维码实战案例中，获得成功的经验。

1. 巨型二维码蛋糕庆新年

中国互联网巨头腾讯公司为庆祝新年，特意制造了一个3吨重的二维码蛋糕。同时，这款巨型二维码蛋糕正式向吉尼斯世界纪录大全

全球总部提出"全球最大二维码蛋糕"的申请，如图所示：

该蛋糕占地36平方米、重3吨，使用了750千克淡奶、730千克芝士、390千克黄油、245千克巧克力、600千克蛋液，由25位熟练蛋糕师耗时10小时完成，总共由2万块蛋糕拼凑成为新闻客户端的二维码蛋糕。

除了可以吃之外，市民只要用手机扫一扫这个巨型二维码，就能下载腾讯新闻客户端，浏览2013年的实时新闻。当晚，这块由数名厨师拼接了一天的大蛋糕被分成两万份，赠送给现场观众。

总结：在营销手段多样化的今天，如何第一时间抓住消费者的眼球，成为每个商家进行宣传营销的最大挑战。

2. 全国最大二维码草坪

2013 年 5 月，合肥森林公园出现了全国最大的二维码草坪。整个二维码草坪占地面积达 6400 平方米，目前是国内已知的最大的二维码草坪。更让人吃惊的是，这个巨大的二维码竟然是可以真实扫描的，如下图所示：

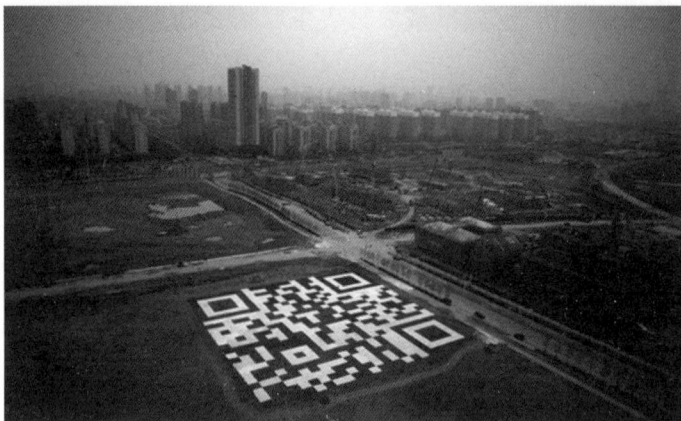

通过空中航拍可以发现，整个绿色"二维码"在大地上格外显眼。在数百米高空，二维码照片依然可以扫描。而通过手机扫描之后，将会跳转至一个网页，听到一段来自森林、城市、公园等地方混合录制的自然声音。

据悉，合肥万科打造这款大型二维码的初衷是希望通过这个创意，唤起合肥市民对城市森林公园的关注。

3. 星巴克助威二维码

2013 年，咖啡巨头星巴克入驻微信，一种全新的人际互动和交往方式来了。只要用户在微信中搜"星巴克中国"，或者扫一扫二维码，就能添加"星巴克中国"为好友。

用户只需发送一个表情符号，星巴克将即时回复你的心情，即刻享有星巴克《自然醒》音乐专辑，获得专为个人心情调配的曲目，如下图所示：

同时，星巴克等商店利用二维码简化了与顾客互动的方式。顾客不用再大排长龙等待付款，而只需把预付费卡和手机应用绑定，就可以更快捷地完成支付，还能更多地了解产品和商店的信息。

移动新媒体＋二维码的全新品牌推广模式，将精准的用户群从店面引导到线上，再在线上不断地推进与用户的互动，传达企业信息，培养新的消费习惯，这对于提升品牌价值意义非凡。

4. "最美的"巨型二维码

2013年"十一"期间，微博、微信上关于"沈阳中街惊现巨型二维码"的话题，被广泛转发及讨论。

原来在沈阳中街步行街和朝阳街路口的楼体面上高挂了一幅巨型二维码，扫描之后，进入一个名为《最美的》的手机风尚杂志，杂志以分享关于旅游、美食、热点话题等具有十足

风尚感的文章受到用户欢迎。

据了解,仅"十一"长假期间,已有近万用户通过扫描二维码关注《最美的》杂志,相对其他传统营销方式,这种互动式的新兴媒体营销方式,无疑是将来营销的主流。

5. 特易购创意购物体验

特易购（TESCO）是全球三大零售企业之一,同时也是在韩国国内市场中销售额排名第二的大型购物超市。在韩国,TESCO 超市的名称为 Home Plus。

对于一个传统的忙碌和劳累的韩国人来说,每星期一次的大购物是他们日常生活的一部分。怎样接近这一部分受众,Home Puls 公司创造了一个全新的理念,即"Let the store come to the people"。

Home Plus 的第一次尝试,是在上班族每天都要经过的地铁站内建立起了虚拟超市,Home Plus 将商品（以食物等快速消费品为主）以实物照片的方式粘贴在地铁站的广告栏中,其中每一个类别商品的详细信息及购买链接都以二维码的形式展示。

需要购买此种商品的消费者只需要使用智能手机对二维码进行扫描,就可以方便地实现商品的在线购买,被购买的商品将通过公司后勤快递人员的递送,以包裹的方式直接送达到消费者指定的地址。

对于消费者来说，在乘车等车的间隙，就可以实现必需商品的采购，当消费者回到家中或者是办公场所，就可以享受刚才在地铁站采购的商品了，消费者可以不用再花其他额外的时间进行专门的采购了。

对于二维码在商品销售中的使用，人们可以方便地在任何地方进行需要的采购，将等车的时间更改为了购物时间。

移动互联网正在从贴身到贴心，移动广告也从"反感扰人"变得"亲切宜人"。简单分享几个用二维码进行营销的创造性的、好玩的、有趣的例子。相信这样的小创意在我们以后的生活中会随处可见，惊喜常在。

6. 美诺币创意二维码

在广州网货交易会上，美诺彩妆给我们带来了一场精彩刺激的"抢钱"活动。众所周知，网交会是从线上走到线下再回到线上的 O2O 创新展会，是厂商发展网上分销商的重要平台，显然，对于分销商来说最关心的就是"财富"。抓住分销商心里诉求，美诺彩妆奇思妙想——现场发钱，不过，发的不是人民币，而是独创的美诺财富币。

美诺财富币是以美诺海外销售的国家和地区的货币为蓝本，重新设计，将美诺元素和创意二维码融合到美诺财富币，持有美诺财富币不仅可以享受分销支持优惠，用手机扫描、收藏美诺二维码，即可获

取百元美诺彩妆淘宝天猫商城的兑换券，还可以在广交会现场登录美诺天猫商城，了解美诺彩妆品牌、产品等详细信息，方便快捷。

7.Emart超市隐形二维码

超市在中午的时候，人流量和销售量总是很低，于是韩国 Emart 超市别出心裁，在户外设置了一个非常有创意的 QR 二维码装置，正常情况下，扫描不出这个 QR 二维码链接，只有在正午时分，当阳光照射到它上面产生相应投影后，这个 QR 二维码才会正常显现。而此时用智能手机扫描这个 QR 二维码，可获得超市的优惠券，如果在线购买了商品，只需等超市物流人员送到用户方便的地址即可。

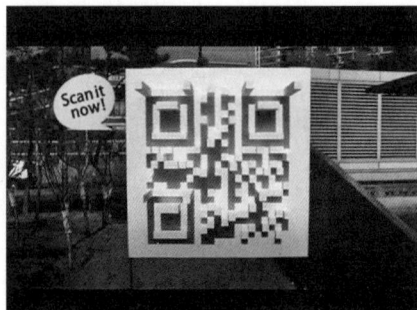

8. 维多利亚内衣"诱惑"二维码

著名内衣品牌维多利亚做了一个很有范儿的户外广告，在模特前胸盖上二维码，广告文案更是赤裸裸地充满诱惑 —— "Reveal Lily's secret"（Lily 的真实秘密），让你亟不可待地拿起手机拍摄二维码，原来二维码的后面是维多利亚的秘密内衣，真的如广告语所说的那样"比肌肤更性感"。

9.分享最潮的音乐杂锦

如果想对那个"特别的你"音乐传情，你可以通过 Spotify 创建一个最现代、最潮的音乐杂锦。在 Spotify 上完成创建音乐播放列表后会生成相应的二维码，接着你可以向那个"特别的你"发送带有二维码的问候卡，对方扫描后就可以直接欣赏音乐杂锦了。

10.Turquoise Cottage 酒吧用二维码做入场印章

Turquoise Cottage 是印度新德里的一个酒吧，为了让顾客度过一个美好的夜晚，他们在进店的印章上下了功夫，将以前传统的图案换成了二维码。Turquoise Cottage 将自己的这种创意印章称之为Buddy Stamp。

顾客只要用智能手机对准二维码，就能访问 Turquoise Cottage 的网站。当顾客在晚上8点到10点扫描二维码的时候，他们能享受到夜店的某些饮料的折扣，如果时间是早上6点到下午4点，它还能提供午餐优惠信息。

超过 85% 的夜店达人使用智能手机扫描了二维码，并且积极将这一独特的体验分享到社交媒体上。

二维码旨在解决移动互联网的最后一公里：移动互联网应用落地。我们看到现在二维码的应用已经很多，包括二维码购物、二维码查询、二维码传情（文字、图片、视频、声音）、二维码寻宝、二维码看电影、二维码签到等。

六、二维码优惠券的四个优点

目前二维码的应用领域不只是优惠券，还包括各种代金券、折扣券、提货券、积分兑换券、赠券、特价券、电子欢唱券、贵宾卡、体验券、买赠券、促销单、DM 等，相对于传统优惠券，二维码优惠券具有以下四个优势：

1. 简单、方便、快捷

对商家来说，可随时制作不同价格及类型的电子券，快捷方便，节省时间及人力等成本；对客户来说，客户手机即可接收电子券，消费时只需出示手机里的电子券即可，持有人也可赠送电子券给他人，只需转发电子券彩信即可。

2. 安全

二维码电子券具有安全、易识别、多重加密功能等特点，还可提供密码保护，相对纸质票具有更高级别的安全防伪功能。

3. 新颖、时尚

电子优惠券以手机作为获取方式，可转发，无形中扩大了商家的客户群，可随时向客户发放，客户也可随时转发赠送电子优惠券。客户在消费时，只需调出手机中的电子券扫描验证通过后，即可领取商品。由于手机属于用户必备的随身携带物品，因而使用起来非常方便。

4. 销售数据统计

电子券业务平台提供准确的业务统计数据，用客观数据帮助商家更加具体、准确地把握活动的整个情况，使商家随时掌握产品销售领取的数据。

总结：在未来，二维码能做的会更多，比如匆忙上班的路上拿出手机扫一扫二维码，回到办公室美味的早餐已在桌上；下班回家，连接手机二维码，便能在家中试穿最新上市的时尚服饰；出外旅行不再需要导游，扫一扫二维码便能穿越时空，感受动态现场讲解……

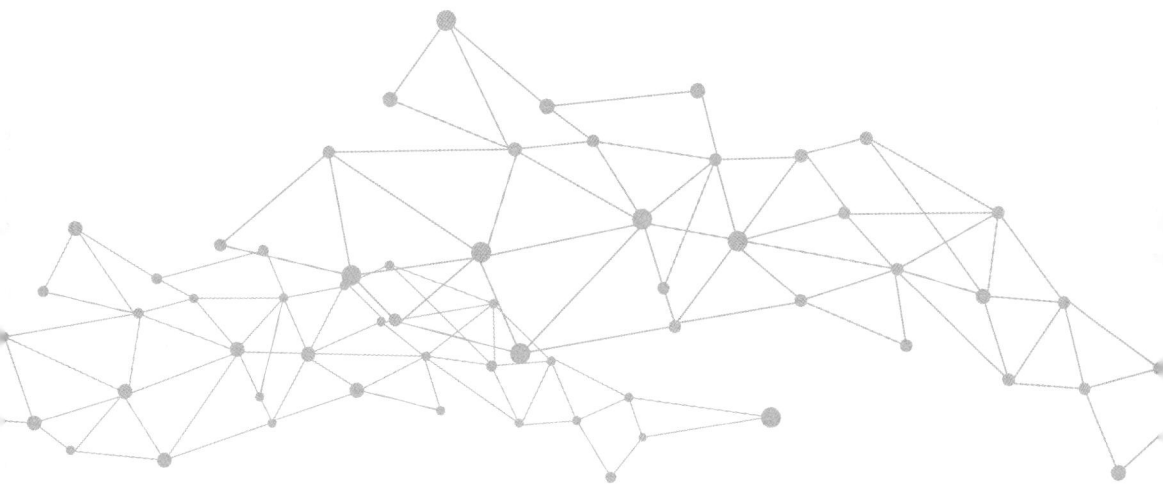

第三篇

"互联网 +"时代大美业的现状

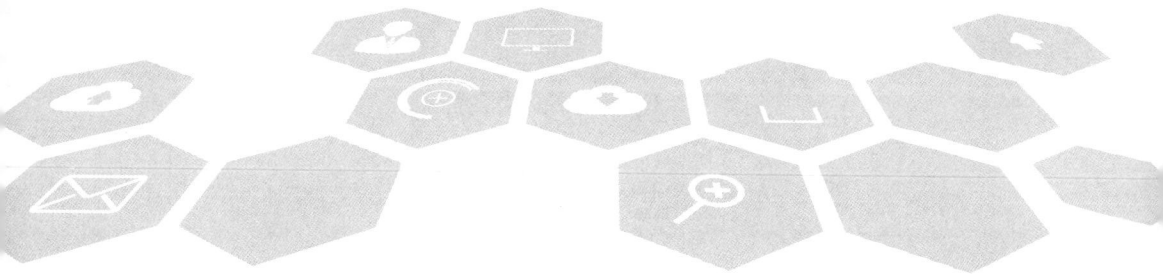

第8章　互联网＋大美业的现状报告

互联网对美业的影响到底有多大？从国务院办公厅印发《关于推进线上线下互动加快商贸流通创新发展转型升级的意见》（以下简称《意见》）这份文件中可以解读以下信息：

1. 转型方向——线上线下互动创新发展方向

《意见》支持实体店发展线上线下互动，开展体验、共享、协同等商业模式创新。对美业的实体店家来说，应用互联网连接消费者、连接上下游供应商，鼓励消费者与店家、消费者之间通过互联网直接联系，提升消费体验。

2. 转型路径——智能化、精细化、网络化

《意见》指出，生活服务业通过线上线下互动，实现在线化、标准化、便利化。美业作为生活类最大的服务业之一，通过线上线下互动，实现管理发展的智能化、精细化、网络化。

3. 转型支撑——大力支持O2O技术与服务

《意见》指出，支持发展面向企业和创业者的平台开发、网店建设、代运营等第三方服务，为线上线下互动创新发展提供专业化的支撑保障。美丽加作为国内最大的美业O2O平台，美丽加自主研发的O2O云管理系统，为广大美容院、美甲店、养生馆、美容会所、发型店等免费提供在线管理系统及O2O解决方案，全力为广大转型中的美业店铺提供技术支持。

4. 政策支撑——政府管理及政策向 O2O 企业亮起绿灯

《意见》提出除法律、行政法规和国务院决定外，各地方、各部门一律不得增设线上线下互动企业市场准入行政审批事项。国家对 O2O 战略高度重视，政府也在大力支持 O2O 企业的发展，美丽加的发展得到政策的支持和帮扶，未来能更有信心更有能力加大对普通美业店铺的扶持和帮助。

5. 财力支持——政府加大对 O2O 企业财税及金融的支持力度

《意见》称线上线下互动发展企业符合高新技术企业或技术先进型服务企业认定条件的，可按现行税收政策规定享受有关税收优惠政策。政府加大对 O2O 企业财税及金融的支持力度，将使美丽加获得更充分的发展条件，有能力不断完善自身的产品和服务。美丽加目前已获得近 6000 万元的两轮融资，2015 年 7 月投资 5000 万元推出千店计划，直接补贴和扶持广大的美业店铺，帮助传统美业店铺实现互联网 O2O 转型。

从本篇开始，作者会采用大量真实的行业案例，让读者全方位看懂"互联网＋"时代的大美业内幕。

一、消费渠道分析

随着互联网思维的不断延伸，美业的变革速度非常之快。美妆产品的销售大量电商化，直接影响到线下美妆门店的生意。同时也有一些新的线下门店连锁模式骤然崛起，看似不符合趋势，实则这些新的连锁模式有创新之处。

再看上门服务模式的兴起。尤其是在一线城市，传统的小美容院关了一大批，这些美容师就从线上接单，直接上门服务了。可还是有些线下门店规模越来越大，这背后又是什么原因呢？

瞄准未来家庭服务，改变美容消费渠道。

"美容总监"简介：

"美容总监"是基于移动互联网的上门美容O2O平台。

"美容总监"专业为女性消费者提供高品质上门美容服务。消费者可以通过微信公众号及APP随时随地预约中意的美容师，享受高品质上门美容服务，开辟现代美容新方式，让消费者足不出户就可以享受舒适、便捷、放心和良好效果的美容服务。

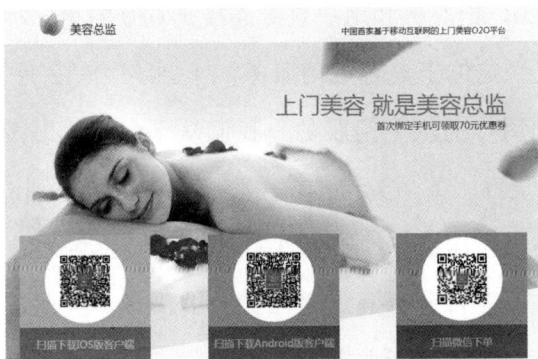

运营模式：

"美容总监"O2O模式为：首先大家在微信下单预约好美容师，之后会接到美容师的电话确认，确认完毕之后便可以在预约的时间内享受美容护肤服务。届时，大家会收到预约时间来到、美容师出发或服务等的短信提醒，让大家提前做好准备。

创始人思维：

在对市场的了解中得知，"美容总监"上门美容这样的服务在美容领域内堪称首创，这种形式也得到了消费者的认可和喜爱。随着O2O

模式的不断完善，以"美容总监"为代表的上门美容服务品牌占据了美容领域的半壁江山，并且以非常快的速度在发展。由此也可以看出美容行业的大势所趋，这是顺应市场发展需求的，也是顺应消费者需求的。

1. 美容 O2O 直接连接用户

从打车、餐饮到家政，O2O 在各个领域蔓延开来，在团购的 O2O 最早的形态中，除了餐饮、电影等大类别业务中，美业早已占据重要地位，其美甲、美容、美发等细分领域汇成整个美业。而在相比餐饮等其他行业，美容业有着垂直且新兴的特点。

"美容总监"创始人兼 CEO 赵一指出，除了以线上给线下导流的团购为第一代 O2O，把服务和用户直接连接是 O2O 的第二种形态。

"美容总监"定位于美容上门服务，于 2014 年 12 月 25 日通过微信公众号正式向用户提供上门服务。我们从平台上可以发现，"美容总监"所提供的美容服务品类与传统美容院没有太大区别，覆盖美白、瘦身等 9 大产品类型服务。"在做小妖产品时，接触用户后发现面膜品类较为单一，不能百分百满足用户护肤的需求，美业市场巨大且增长快速，所以结合美容上门服务的方式来做。"赵一说道。据了解，小妖是众包定制模式的美妆品牌，以面膜细分品类为切入点进入女性市场。

截至 2012 年年底，全国美发美容行业活动单位总数为 271400 家，其中专业美容企业（含美甲、美体）数量为 116941 个，专业美容企业（含美甲、美体）从业人数为 544900 人，专业美容企业营业收入为 16558737.36 元，同比增长 6.20%；根据《中国美容经济年度报告》显示，在未来五年内，中国美容服务业营业总收入将突破 40000 亿元。

美容行业中美容产品巨大的利润已成不争的事实。对于消费者来说，优质的产品伴随着良好的体验。据了解，护肤品分为日化线和专业线两大类，常用于专业沙龙、SPA 会馆、美容院等场所，而"美容总监"的产品均采用原产地为法国的专业线品牌。

在"美容总监"的盈利模式上，赵一称，初步阶段"美容总监"将主要聚集用户，进入高速发展阶段后，"美容总监"将作为在线的平台，类似于"淘宝"，而用户的消费金额均归美容师所有。

2. 上门服务补充传统美容院

美容师作为提供上门服务的"手艺人"，平台聚合大量的资源，要使得习惯于门店服务的美容师们走到"线上"，并提供上门服务，是服务标准化过程中首需解决的问题。其中，上门时间的把控、服务现场质量监控等都需要进行标准化规范。

除了基本的招募标准外，其服务人员的手法、产品知识、沟通能力等也均在考察与培训的范畴内，这也是服务标准化的过程。据介绍，"美容总监"平台通过技术手段把服务的过程标准化，在服务过程中可以看到美容师出发、到达、服务开始、服务结束 4 个状态，便于全程监测。

虽然 O2O 是美容行业新的商业模式，它改变了传统美容院的服务方式。但传统美容服务行业在其发展过程中，存在法规标准体系不健全、部分企业经营行为不规范、服务规范化水平低等问题，上门服务是否能够解决用户及行业痛点，这将是美容上门服务新模式能否走下去的重要因素。

消费者要面临传统美容院推销、办卡等诟病，上门服务在一定程度上解决了此类问题；且传统美容院因为房租的原因导致成本居高不下，通过上门服务的方式，直接把服务搬到用户家里，降低了成本；

而最为关键的一点是，O2O 模式使得美容师快速触达消费者。

传统美容院与美容 O2O 两类服务方式都为消费者创造价值，美容上门服务以"轻"模式解决了消费者一定的需求；但面临需要大型仪器才能解决的服务品类时，消费者需要到传统门店进行体验，因为目前上门服务是没有办法解决的，这也是美容上门服务的局限。"美容总监"切掉的只是美容院 60%～70% 的服务，还有一些重型服务，依靠大型仪器设备的，上门是无法完成的。同时，有些大型美容院所在的位置以及服务的客户和"美容总监"所服务的客户形成一种互补，"美容总监"传播的是 20～30 多岁相对比较年轻的群体，而美容院常年累积下来的客户比例主要集中在 35～45 岁，是一种补充的关系。

在全球来看，美容上门服务早已不是新的商业模式，在日韩等国家，美容院提供就近的上门服务早已存在。"美容总监"聚合众多美容院或者是美容技师，可以让消费者综合选择。

此外，传统美容院转型仍面临更多意识转变问题，美容师派上门与老客户到店消费难以平衡；同时，由于美容师和老板之间的利益分配问题也导致了传统美容院难以"走上"线上。但不可否认的是，美容师上门服务是未来的一个方向。

3. 未来瞄准家庭消费

O2O 对于刚进入创业大潮中的新丁而言，理想丰满，现实骨干。"三步"决定上门服务中的"胜负手"，首先是谁在线下少犯错误并为用户创造超预期的体验最为重要；然后"跑马圈地"快速扩张，能让全国的人体验到平台提供的服务也是一种能力的体现；此外，营销能力、营销渠道、定位、创意、对消费者的理解程度也能够分出高低。"美容总监"预计进入全国 30 个城市，美容师达到上万名。

　　"美容总监"的未来不仅仅是美容上门服务，而是通过美容师上门服务，积累更多掌握家庭高比例消费决策权的女性用户，挖掘与家庭相关的经济领域。比如，在这里可以买到小孩的纸尿裤。

　　美业O2O尚处于探索与起步阶段，对于"美容总监"而言，面对上门服务的火热，能否在风口吹起仍有待观察。在不断完善的过程中，如何做好用户服务体验，其O2O线下这块的服务品质最为关键。

　　这是一个改变美容消费渠道的案例，接下来我们再看看美发行业改变销售渠道的案例。

"放心美"简介：

　　放心美致力于打造一个成熟可信的优秀发型师推荐平台。这里有最真实可信的发型图集，也有新鲜多样的发型咨询；这里有驰骋多年功成名就的大牌，也有最值得我们关注的新锐发型师；这里有处在潮流前沿的俊男靓女，更有一群渴望重塑形象华丽变身的人。

运营模式：

　　线上预约，上门服务。

商业模式：

对接用户和发型师的线上平台，提供预约服务，收取 8% ～ 10% 的提成。

融资情况：

获曾李青 400 万元天使投资。

中关村生意红火的一家理发店 MJ 造型，每天接待 100 多位顾客。但由于店面隐藏在楼房的三层，它的客源 98% 来自互联网。放心美 CEO 许单单告诉《南都》记者，随着理发店租金一路上涨，靠黄金地段吸引客流的做法已经行不通了，北京过去一年开的新店大都在租金低廉的偏僻位置，而把推广的精力放在互联网上。

美发 O2O 项目开始陆续涌现，包括波波网、美美豆、放心美等几家初创企业，都定位对接用户和发型师的线上平台，提供预约服务、开放点评。"大家刚起步，还没到正面竞争的阶段，模式都比较相似。"许单单说，放心美目前正探索一种类似私人定制的模式，直接根据用户需求精准推荐发型师，可能更容易实现营收。

创始人思维：

一直从事互联网投资和创业，曾经与发型师合伙开过一年的理发店。美发行业的市场很大，每年至少有四五千亿的规模，但由于理发师流动率高、顾客对理发店忠诚度低，行业上下游都很分散，美发 O2O 作为中间平台的价值逐渐显现出来。

如今人们的消费观念正在改变，办卡打折已不能吸引客户，更多人追求服务质量。O2O 正是搭建一个挑选、预约和点评的平台，让发型师优胜劣汰，这样顾客就更容易找到满意的发型师。因此，优质的发型师资源是吸引用户的关键。

美发应用基本上都以"扫街"的方式开拓线下资源。许单单告诉《南都》记者，好的理发店一般在大众点评上都能找到，团队只要按图索骥挨个去谈就行。对于理发师来说，这等于多了一个获取顾客的渠道，而且相对于大众点评和团购网站把价格压低、提成收15%～25%的做法，放心美只需打基本折扣，预约提成8%～10%，因此对方的积极性都比较高。

大多数人认为，大多美发应用都只是构建"用户—发型师"的关系链条，而放心美则把"店长"纳入平台，直接跟店长达成合作。尽管顾客对理发师的忠诚度高于理发店，但店长这个环节还是不能跳过，否则他们会觉得平台在挖发型师，从而产生抵制心理。据了解，店长除了管理发型师和发布促销信息，还把控财务，包括广告位合作、预约提成等。在美发O2O的平台上，发型师的自然排名以用户评价为基础，比如波波网、美美豆都设置了发型师认证。不过，再好的发型师也不见得每次发挥都一样，而且发型做得好坏是一种主观评价，跟顾客自身的审美也有关系，那么对于用户来说，认证以及过往的评价到底有多少参考性呢？许单单坦言，这是目前美发O2O普遍面临的问题，还有很重要的一点是，即使是一个水平不佳的发型师，也会在平台上传最好的作品照片，因此，根本无法区分发型师优劣。

实际上，当用户在平台上面对几十甚至上百个发型师时，会产生选择困难。如果改用推荐模式，也许更容易把控品质。为此，放心美另外增加了一个"我帮你推荐"的功能，提供一种类似私人定制的服务：用户只需上传三张照片并列明美发需求，平台会根据用户的脸型、头发，结合位置定位，从数据库推荐匹配的发型师。能够入选数据库的发型师都是平台根据店长意见、回头率、点评星级等指标精选的，从顾客的反馈来看，有推荐需求的还不少，平台一次推荐 3 位发型师，而用户基本上就能挑到合适的。

从盈利模式来看，推荐平台也更容易实现营收：顾客发出需求以后，周围符合标准的发型师会有很多，那么获得推荐的发型师自然要付费。许单单表示，如果推荐平台发展顺利，以后可能会把这个板块放大。

美发O2O现在还太小了，目前行业还存在不少问题。首先，美发应用的活跃度普遍都是比较低的，对于用户来说，美发毕竟是一种有一定时间间隔的消费需求，而且当用户找到合适的发型师后，使用美发应用的频次会相应降低。许单单说，用户忠诚度不高直接导致日后企业间竞争加剧，而目前除了增加资讯板块、以积分和优惠吸引用户以外，似乎也没有更好的办法。因此，如何增强用户黏性是企业日后发展的一大考验。

其次，美发O2O为发型师搭建预约平台，基本上还没能完全做到网上预约，比如波波网和美美豆主要是以私信发型师的方式实现，而放心美提供统一的平台预约电话。很重要的一点是，理发师目前还没有把自己的预约情况及时反映到平台上的习惯，平台无法获知他们的真实状态，整个理发行业的信息化有待进一步完善；从用户角度来看，预约理发的习惯也同样没养成，很多顾客还是直接去理发店，还需要一个逐步培养的过程。

二、市场总量分析

大美业的范围包含面很广。单看美容美发板块，全国有近300万家各类美容美发机构，5000余家化妆品生产企业，年增长率约为5.84%，其中近51%左右的机构是近五年开业的。8000多家美容美发培训机构

（包含企业自建内部培训学校），化妆品企业和美容教育机构呈下降状态。从上游原材料生产企业，到服务流通领域，全产业链形成了8000亿规模。年增长速度平均在20%以上，同时出现由分散到逐步集中的趋势以及增长中结构性调整的趋势。高速增长率的美化行业在各行业的增长中名列前茅，远超全国年平均GDP的增长速度，市场容量逐年放大。

再看医美整形板块，据SAPS数据，全球整形美容三年均复合增长率达18.5%，中国整形美容行业长期保持20%以上的增长率。而据2012年《经济学人》发布的数据，2010年，韩国平均每1000人约做了16例整容手术，中国平均每1000人中大约只有1例整容手术；就整容手术总量来看，美国占据全球整形手术总数的17.5%，排名第一，中国占据了总量的12.7%，成为全球第三整容大国。

据央视网数据，2013年，中国整形美容市场实现产值已达4000亿元左右，行业从业人员超过3000万。截至2012年，整形美容已成为居房地产、汽车销售、旅游之后的第四大服务行业。其中，女性消费者占90%以上，而又以20～45岁女性为主，占到80%以上。

据国家工商联统计数字显示，我国整形美容业以每年20%的发展速度递增，整形美容手术以每年超过20%的速度增长。

仅仅这两个板块，还不算美业教育、女性保健、女性服饰、美甲等板块。总之在"互联网＋"的时代，美业这个概念会被放大和升级，并且会被连接成一个整体。美业市场万亿级的总量，一定会吸引无数目光关注，同时也会成为资本角逐的战场。

我们一起来看看下面这个案例：

"唯美购"简介：

唯美购电子商务有限公司旗下的唯美购电子商城，是中国时尚购物电子商务的新锐品牌。商城采用新型电子商务模式，结合线上线下的优势，着力打造中国美容美体养生减肥一站式服务平台。

运营模式：

唯美购—美容美体养生一站式服务平台，专业美容美体服务在线订购，SPA、身体调理、养生保健、纤体塑形、减肥瘦身服务在线预约。美容会所在线导航网站，便捷查找附近周边的美容会所 SPA BAR。

创始人思维：

通俗些讲就是线上线下相结合，一方面，我们依托尚仕集团对线下美业的渠道控制能力，再加上唯美购网的互联网线上团队，形成很好的线上线下互动。同时，我们的平台通过甄选，整合大量第三方公司，提供海量高品质女性消费品及服务，未来，我们还将与金融、互联网等各行业合作伙伴携手，借助 PC 和手机端载体，打造全新的美业电商模式。

如果企业的核心价值或核心优势极易学习与复制，那就算不上是真正的核心价值或核心优势。一个公司的核心价值或核心优势是不可能照搬的，以互联网行业为例，凡是照搬国外商业模式的公司一般都不会成功。

唯美购网的核心价值，是给整个美业产业链的每个环节都带来了价值，真正实现了多方共赢的局面。一方面，通过向美业实体店提供平台及专业化的培训服务，合作商不需要增加设备人员、零库存及售后即可通过销售线上商品获得全新利润；一方面，商品供应商获得精准的美业渠道来销售商品；另一方面，消费者可获得安全、放心、有保障的消费服务，同时可以线下体验，满足更高品质美业需求，聚合增值。

作为专业化美业电商平台，唯美购网定位中国美业聚合增值平台，紧紧围绕中国美业进行服务。第一，集团公司拥有十几年美业从业经验，拥有全国1000余名的市场服务人员，可以不断拓展新的美业实体店加盟；第二，唯美购网传承发扬了传统行业加盟优势，采用省级投资商和运营商运营模式管理和服务渠道下的商户，避免了大量投入；第三，大量美业商家聚合到平台之后，可以通过各种互联网手段给平台商家和消费者提供更多增值服务。

唯美购网站未来的方向及目标规划，是三年内整合中国美业20万家中高端美容店，实现平台的资源最大化，并通过多种渠道建设与推广，实现每天3000万人次访问量。同时，唯美购还将推出全国合作店家通用的唯美购会员卡，会员凭卡可实现全中国20家美业实体店消费"一卡美遍中国"，为中国美业消费者带来更加有保障、便捷、时尚、人性化的美业消费方式。

总结：像这样瞄准大美业的综合电商不止一家，垂直类的例子，比如聚美优品，这个大家都知道。在这个机会和威胁并存的时代，比的就是洞察市场，抢占先机的能力。

三、行业变革趋势

这是一个变革、整合、升级、突破的时代，这是一个用品牌实力、魅力和魄力说话的时代，这是一个大美容、大升级、大整合的时代。

中国美业几乎与改革开放同步诞生和发展，伴随着思想解放和经济市场化的社会进程一路过来，社会大环境对第三产业给予了无限广阔的发展机会，美业就是其中催生出来的一个经济新生地带。如今，从化妆到皮肤护理、美甲美体，从纹绣到整形、形象设计，美容行业的服务领域之宽达到了空前的水平。美容产业俨然已经成为中国经济的一大重要支柱，成为第五大消费产业。

面对互联网的变革，美业也是走在了020的前列。我们从河狸家的诞生便可看出。

"河狸家"简介：

河狸家是目前业内领先的"美业全平台"——除了上门美甲的单量已经是业内第二、第三、第四名的总和，上门美容也已稳居行业领先地位。除此之外，河狸家还包含了上门美发、美睫、手足护理、化妆造型、写真摄影、健身塑形，甚至绘画、音乐、口语交流等，更多让生活"美起来"的项目，还在飞速扩展中。未来，只要动动手指，你能想到的所有"专业技能"服务，立即来到你身边。

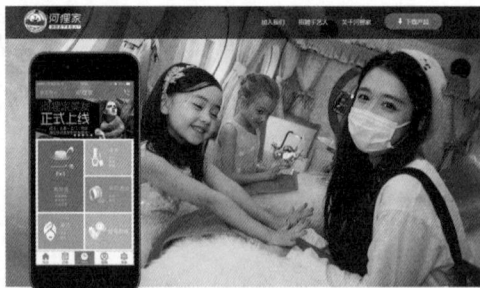

如此品种齐全繁多的服务类目，动动手指就能"坐享其成"的服务模式，颇有一番改变生活方式的劲头。再看河狸家的 logo——极尽卖萌的小河狸，是自然界除了人类以外，唯一可以通过建筑物改变生态环境的物种。河狸的手艺是筑水坝，使河流的动水区变为静水区，惠及两岸无数物种，所以美国麻省理工学院（MIT）也将小河狸作为吉祥物。而今天的河狸家 APP，使命是"解放天下手艺人"，为无数家庭带来便捷服务、御宅生活。

运营模式：

河狸家革命性地取消了店面，通过互联网技术聚集美甲达人和女性用户，自己做一个信用和管理的平台。这和独立的店面型美甲企业并没有产生直接的冲突。相反，店面美甲企业反而可以转身拥抱河狸家的模式，建立一个美甲上门的业务，类似于餐饮的堂食和外卖模式；传统的美甲店也可以做出店内美甲和上门美甲两种业务，提高美甲师上门服务的佣金提成，合理规划美甲师的收益体系。传统店面做上门服务的可能性很高，因为首先它拥有实体店的信任，其次也拥有大批量的老顾客。

据最新数据透露，美业 O2O 平台河狸家，在"双 11"活动当天单量达到 107539 单，实付与充值金额达到 2046 万元。平均客单价高达408 元，充值金额最高的客户一次充值了 20 万元，紧随其后的客户充值金额也高达 16 万元。

河狸家的一端是手艺人，解放更多手艺人，使他们实现财务自由、时间自由；另一端是消费者，一站式满足他们对美的所有需求，定义未来中产阶级的生活方式。河狸家相关负责人表示，这两端的良性发展为河狸家创造了良好的发展生态圈，形成了良好的互动关系，从而推动河狸家不断创造新的纪录。

在河狸家成立之初，该公司创始人孟醒就曾表示，河狸家将以美甲业务单点突破，横向切入整个美容领域。目前，除了美甲之外，美容也成为河狸家重点发力的一个分支行业。河狸家的美容项目分为面部美白、面部补水和身体按摩等品类，覆盖女性用户美容和身体层面的不同需求。

资料显示，河狸家从美甲开始，陆续上线美容、美妆、美发、健身、绘画摄影、声乐器乐、口语交流等类目，目前，平台已有超过 260 万的精准女性用户，手艺人数量近 8000 人。

总结：河狸家对于传统美业来说具有颠覆性，而传统美业存在危机的同时也有机会。毕竟罗马不是一天建成的，几百万线下店的服务资源一旦被激活，依然是可以颠覆自己的。用华为任正非的话说：要自己革自己的命！不要把刀子放在别人手里。找到一个适合自己的转型方式是传统美业当下最重要的事！

第9章　传统美业四大红利的得与失

众所周知，美业是个万亿级的市场。这个市场在近 20 年的时间里造就了一大批美容院老板，他们成了有钱人。每次美业召开全国性大会的时候，会议停车场就成了豪车展览。是什么造就了这些有钱人？

第一，发展红利。大家都有钱了，都开始提高形象了，以前的理发 5 元，现在叫美发 50 元。

第二，虚荣红利。高端美容院的贵妇们，把在美容院消费的数字当成了面子。谁的数字大，谁有面子。

第三，认知红利。美容院每天都会推出五花八门的新项目，挖掘客人的消费潜能，因为大家都没见识过。美容院推出的充卡活动，店还没开张，就卖卡进账几百万元。

第四，整容红利。之前整容专业机构还不多，大量的整形成了美容院最赚钱的项目。一个客户多则一百多万元，少则大几千元。

可是这些风光随着大环境的低迷，加上互联网的冲击变得雪上加霜。

发展红利消失，整体消费水平进入常规阶段，失去暴涨的消费支持。整体消费能力上升缓慢。

虚荣红利消失，由于反腐的深入，经济的下滑，土豪和灰色收入的减少，高消费明显减少。

认知红利消失，现在互联网信息传递非常快，大家的见识都广，美容院已经很难找到能打动消费者的新项目。因为新项目才有大的利润。再加上充卡模式已经不能被大家接受，美容院的现金流都出现大问题。

整容红利消失，随着专业整形医院的大量出现，大家都愿意到正规专业的机构去整形，甚至直接去韩国整形。这就把美容院最重要的收入来源切断了。

第 10 章 传统美业当前的六大死穴

一、竞争激烈

现在每条街道都有美容美发店，而且第一个就是打价格战，你家洗剪吹 20 元，我家洗剪吹 15 元，隔壁已经有一家店洗剪吹 9 元了。可见现在行业竞争的激烈程度，就连行业里曾经的大佬也快抵挡不住。行业很多知名美容美发连锁店 2015 年首次出现关店潮。大家都是用传统的方式进行竞争。在电商大潮的冲击下，顾客似乎都被淘宝养成了"贪便宜"的习惯。因此价格战作为商业领域最低级的战术，却在神州大地成为神器，只是结果却是一地鸡毛！

二、员工流动性大

美容美发行业的员工大都年龄不大、文化素质不高。如果老板管理不严，服务质量就不好，客户投诉就多；管理严格一点就到别家去了。而且目前这种手工服务性的工作，年轻人还不太愿意干。现在的收入模式是提成制，也就是理一个发 20 元，员工拿 3 成，老板拿 7 成。在价格战的环境下，老板不能少拿，因为成本太高，员工也想多拿，因为辛苦。这就造成了矛盾体。所以人才特别难招，招来特别难管，管了特别难留。老板可谓是焦头烂额。

曾经问过一个老板，如果你家的提成是倒过来的，老板拿 3 成，员工拿 7 成。会怎么样？这个老板说，那员工还不全部跑到他家来了。但这样老板不是亏死了吗？除非老板赚的不是理发的钱。这就是互联网思维里有一条"羊毛出在牛身上"。

三、房租成本高

由于房价这么多年来的一路飙升，造成了现在的房主购房成本很高，虽然站在租户角度来说，生意不好做，但房租只涨不跌，因为房主回收资金的迫切心理是无法改变的。这种不合理的现象无遗给老板雪上加霜。关键是美容美发店还必须开在人流密集的地方，这类地方都属于本地区的繁华地段，租金居高不下。

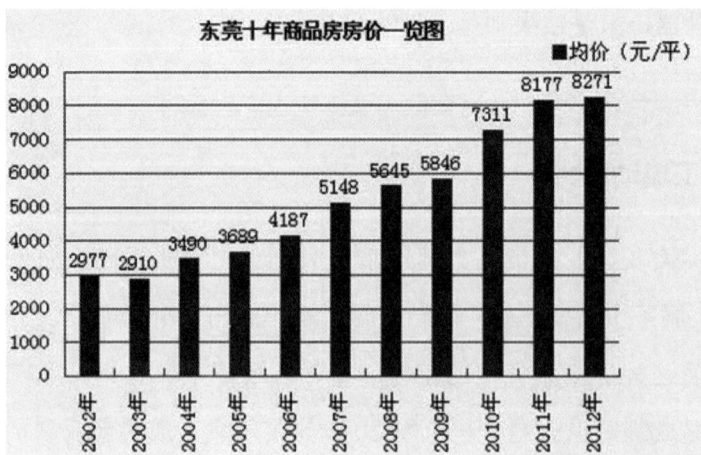

东莞十年商品房房价一览图　■均价（元/平）

四、客源不稳定

美容美发行业客户其实是没有忠诚度的，因为整个行业都是浮躁的，国人对品牌对文化根本就没有心理认同感，也就谈不上忠诚度。就是看哪家便宜就去哪家，哪家有新项目就去哪家。所以造成美容美发店的客源流失大，一直要花大量的精力去拓展新客户。

五、办卡后成为死卡

由于前几年流行的办卡消费形式，造成几乎所有的顾客都已经在店里充了卡，但由于缺乏新的有吸引力的项目，顾客的卡一直都没有消化，造成现在 90% 的美容美发店都是负债经营。不要看老板们外表风光，他们是想关店关不起，开店又不赚钱。

六、没有现金流

老顾客卡里的钱还没消化，整天只服务不进账，而充值的奖励员工已经一次性领取了，所以导致员工服务积极性差，自然服务质量不高。顾客投诉多，影响口碑。而周边的客户已经被充值这种模式洗礼过了，也不吃这套了，导致现在的美容美发店严重缺乏现金流。

与此同时，很多其他行业的大鳄虎视眈眈，运用互联网思维的跨界打劫模式，一再试图颠覆这个行业。

总结：传统的美业线下门店进入行业拐点，恶性竞争使得普遍的状态是艰难维持，急需转型升级，又缺乏好的模式。

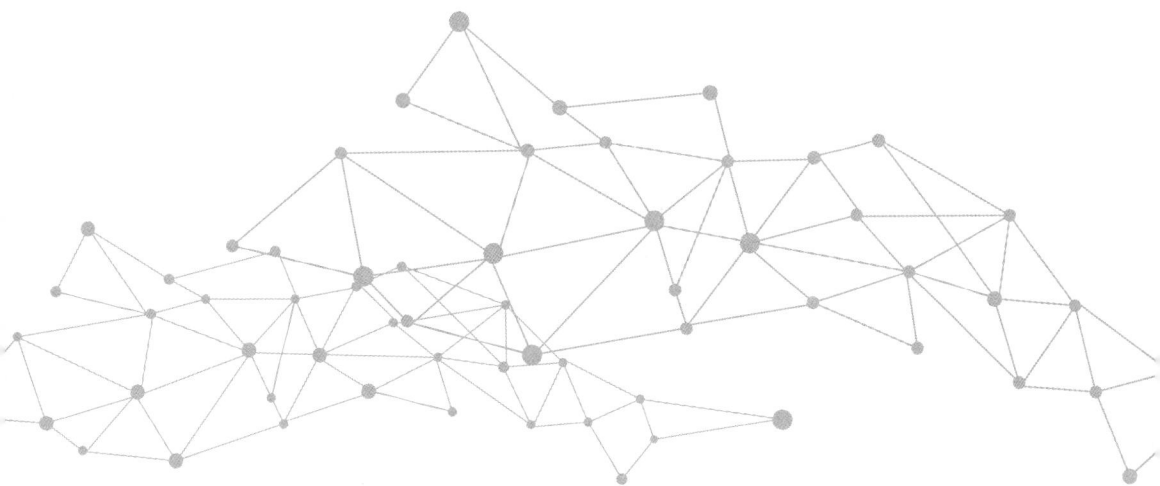

第四篇

"互联网 +" 引爆大美业

第11章　2015大美业"互联网+"行业分析报告

所谓美业，简单来说就是美容、美发、美甲等行业，这在爱美女性的生活里是不可缺少的一部分。爱美之心人皆有之。近年来，各种美甲店、美容美发店遍地开花，美容经济一片繁荣。人们越来越重视对"美"的投资，"美丽经济"成为一座能量无法预估的富矿。因此美业O2O模式应运而生。

（1）美业O2O市场具有巨大潜力，团购对其推动力不大，未来还要看专业性网站及应用对其的贡献。

在美业O2O消费模式中，用户在团购网站或APP上购买相关优惠券从而在线下消费的比例很高，占比71.2%；选择通过专业网站或APP下单消费的用户占比较少，目前只有28.8%。

美业O2O最早出现在团购领域，如美发、美甲等，团购可以说是美业O2O的前身。但团购并没有彻底帮助甚至颠覆这个行业，原因在于，一方面商家希望得到有消费能力的潜力用户，而团购而来的消费者往往是"一次性"消费；另一方面消费者也希望以较低的价格得到高品质服务，但大量团购消费者让接待能力、服务能力有限的商家无法招架。如此看来，美业O2O想要颠覆传统的消费模式，归根结底要做的还是给商家带去有消费能力的客户，同时依托线下资源为消费者找到优质的商家，并用好的服务体验作为最根本的保证。

（2）美容市场规模在美业细分市场规模中占比最大，美业O2O将线上与线下更好地融合才能带给投资者巨大机会空间。

中国整个美业行业中，美容（包含整形）所占的市场规模比重最大，高达 57.5%；美发行业次之，占比 24.4%；美甲行业占比 9.8%；其他类占比 8.3%。目前中国整个美业市场有上千亿规模。美业线下专业店有两三百万家，整个线下高度分散，全国统一品牌的连锁店、旗舰店等没有一家能够占据 5% 的市场份额，未来几年整个美业市场的规模还将翻倍。

美业相关线上企业只有很好地融合线下资源，将线上与线下结合起来，才能更好地发展美业 O2O。目前美业 O2O 市场还处于起步阶段，美业带给投资者的机会空间非常大。

（3）年龄在 20～39 岁的女性用户是美业 O2O 模式中最多的使用者。

在美业 O2O 消费结构中，女性占比 87%，男性占比 13%。年龄在 20～39 岁的人群占比最大，达 76%。

有分析认为，女性消费者对美的要求很高，具有很强的消费欲望，并且多数消费者是 20～39 岁的白领，具备这种消费能力。

一、美业 O2O 市场格局

1. 美业 O2O 细分领域

美业 O2O 最早诞生在团购领域，按照团购领域的细分分类，美业（美容、美发、美甲）分布在美容塑形、养生按摩、健康护理等品类之中。

据团 800 资讯《2014 年中国团购市场统计报告》显示，美容塑形、养生按摩、温泉洗浴、健康护理类细分品类 2014 年成交额分别是 17.6 亿元、16.6 亿元、13.6 亿元、4.0 亿元，这些数字在团购领域中和其他火爆的细分市场如餐饮美食的销售额 441.7 亿元相比是微乎其微的。

美业 O2O 市场还要看专业垂直网站或应用所带来的影响,目前美业专业垂直网站或应用包括美容类、美发类、美甲类、综合类等,美业毛利高、获客成本高、线下商家小而分散,很适合被 O2O 整合。从 2013 年底开始,与美容美发美甲相关的 O2O 服务多了起来,比如波波网、河狸家、美丽加等,其中不乏获得融资的团队。

2. 美业 O2O 消费模式占比情况

因为专业性的美业 O2O 网站及应用面世时间不长,所以在美业 O2O 消费模式中,用户在团购网站或 APP 上购买相关优惠券从而在线下消费的比例很高,占比 71.2%;选择通过专业网站或 APP 下单消费的用户占比较少,目前只有 28.8%。

美业 O2O 模式还处于起步阶段,团购中就包含了美容、美发、美甲等服务,但其对美业的推动力不强。未来美业 O2O 想要发展起来,还要看专业性的网站或应用的推动力,美业 O2O 是未来 O2O 领域的一个新领地。

3. 美业 O2O 应用排行

美业 O2O 应用目前在用户手机中的覆盖率比较低,美妆心得是覆盖率最高的美妆应用,但目前其覆盖率只有 0.71%,活跃率是 0.61%;抹茶心得排名第二,覆盖率是 0.34%,活跃率为 0.28%;秀美甲排名第三,覆盖率是 0.08%,活跃率是 0.03%;嘟嘟美甲垫底,覆盖率是 0.002%,活跃率是 0.001%。

目前美业应用并不多,且上线时间较晚,因此覆盖率低也在情理之中。

4. 美业 O2O 模式发展前十城市

美业 O2O 模式发展前十城市为北京、上海、广州、济南、成都、哈尔滨、杭州、重庆、天津、长沙。（排名不分先后）

二、美业用户行为分析

1. 美业 O2O 用户花费投入男女比例

女性随着生活水平的不断提高，对美的需求也越来越高。在消费投入上，女性消费者更具有消费欲望，并且具备高端消费能力。而男性消费者大都选择较为简单便捷的洗剪吹作为美发的首要选择。

2. 美业 O2O 参与用户年龄分布

据数据分析，年龄在 20～29 岁的用户是使用美业 O2O 消费比例最多的，占比 39%；其次是 30～39 岁的用户，占比 37%；50 岁及以上的用户占比最少，仅为 3%。

3. 用户平均每月在美业上的消费

据微参与 APP 用户调查数据显示，用户平均每月在美业上的消费金额，花费在 50～200 元的用户占比 41.2%；花费在 50 元以下的用户占比 25.3%；花费在 1000 元以上的用户最少，仅为 2.6%。

4. 用户体验过的美业 O2O 服务类型

对于美业 O2O 服务类型，用户体验过最多的是美甲服务，占比 43.4%；其次是美发服务，占比 39.7%；体验过美容服务的用户也很多，占比 31.9%；体验过整形服务的用户占比最少，仅为 0.7%。

5. 用户对美业 O2O 应用的认知度

用户对美业 O2O 应用的认知度处于较低水平，据比达咨询数据中心显示，列出了 12 个美业 O2O 应用，有 42.8% 的用户表示从来没有听过美业 O2O 应用。对 12 个美业 O2O 应用，用户认知最多的是河狸家，占比 29.8%；其次是抹茶美妆，占比 21.8%；嘟嘟美甲排名第三，占比 17.4%。

6. 用户使用美业 O2O 消费的原因

价格优惠是用户使用美业 O2O 消费的最重要原因，占比 53.7%；其次是可以节省时间和精力，占比 46.4%；愿意尝试新颖的生活方式和服务质量好也是用户选择消费的原因。

7. 用户使用美业 O2O 消费的状态

用户使用美业 O2O 消费的状态，有以下可能：参加重要 Party 时、空闲无聊时、朋友聚会时、对某个商家感兴趣时、结婚等人生重要时刻。其中选择参加重要 Party 时使用美业 O2O 消费的用户最多，占比 34.9%；选择空闲无聊时的用户占比 31.6%；选择朋友聚会时进行美业 O2O 消费的占比 24.2%。

8. 用户对部分上门美业服务的看法

除了河狸家的上门美甲服务，现在很多美业 O2O 应用都推出了上门服务，为此乐意接受这种方式的占比 34.9%，42.7% 的用户还是觉得去门店更好，22.4% 的用户表示无所谓。

基于用户对美的需求，在互联网思维的深刻影响下，美业 O2O 平台应运而生，它不仅可以减少消费者因交通拥堵、排队等候造成的时间损耗，而且可以提供定制服务满足消费者的个性化需求。更重要的是这种上门美业 O2O 模式不会受制于店面经营的成本限制，上门服务能够让消费者获得更多实惠。尽管目前消费者对上门美业 O2O 模式并不完全认可，但随着这个行业发展壮大，加上用户对其认知度的提升，愿意接受上门美业服务的人肯定会更多。

9. 用户在美业 O2O 商家消费注重的因素

美业 O2O 模式能否兴起还要看用户的体验，用户在美业 O2O 商家消费注重的因素有很多，其中商家员工技术是最重要的，占比 51.2%；其次是卫生条件，占比 49.4%；再次是服务态度，占比 42.4%；另外，店铺装修和环境、服务多样性、服务价格、会员制度也是用户注重的因素。

10. 用户经历过 O2O 模式美业服务还会继续保持的比例

用户经历过 O2O 模式的美业服务还会继续保持的人数占比 87.8%，不会保持的人数占比 12.2%。

对于用户放弃使用美业 O2O 的原因，服务质量问题是最重要的方面，占比 68.3%；其次是安全问题，占比 41.5%；支付问题占比 7.9%。

第 12 章　互联网 + 美容

我们对传统美容院都不陌生，几乎每条街都有大大小小的美容院。可是除了你看到的美容院之外，还有很多你看不到的美容院，它们不需要门店。

还有一种现象就是美容院还在老地方，可是里面的内容却发生了变化。具体有什么变化？我们通过案例来看一下就明白了。

"美丽来"简介：

美丽来目前主要为中高端女性消费者提供上门美容服务，解决现代女性因忙于工作和家庭而无暇顾及美容的问题。美丽来于 2014 年年底从微信公众号切入服务，美丽来 APP 也于 2015 年全面上线，届时 ios 和安卓两个平台的各大应用市场均可下载，与微信公众号"美丽来"继续为用户提供同等优质服务。

运营模式：

线上预约，上门服务。

创始人思维：

美丽来在 2015 年 5 月获得 1000 万的天使投资，在众多进军美业O2O 的对手中，定位在高端人群。突出自己的设备和技术优势，最大化地缩小在家美容和在专业店美容的效果。这个切入点算是一个细分。

随着互联网思维的兴起和移动互联网技术的普及，传统企业亦或互联网企业张口闭口不讲线上线下都不好意思出来混了，而做这件事的公司也有了一个高大上的名字——O2O。在随后的几个月里，深谙女人和孩子的钱是最好赚的创业者们纷纷加入"她经济"大军。于是，美业 O2O 愈渐成为大众关注的焦点，并一次次登上各大网站科技版头条。

美丽来创始人陈枫如是说："O2O 跟工业革命一样，是社会发展到这个阶段的质变过程。O2O 也有很多万亿级市场，美容行业显然不是挣钱最快的，但是越是原有市场标准化的行业，越容易被巨头流量所冲击。因此，独立创业者选择创业方向至关重要。"

1. 重模式切入美容 O2O

互联网思维的权杖下，任何传统行业都难以避免被互联网新兵革新的命运，美甲、美容、洗衣、做饭不外如是。相关统计数据显示，2011 年国内本地生活服务市场的规模为 3.6 亿元，到了 2014 年增长到5.9 亿元，同比增长 63.9%。随着 O2O 市场的持续飞速发展及 BAT 巨头们的争相涌入，预计 2015 年本地生活服务市场规模将达到 10 亿元。

O2O 领域的商业模式同样不尽相同，有人玩重模式，有人玩轻模式，正所谓"一千个读者就有一千个哈姆雷特"。把全国代理商洗一遍，三分之二接入平台的 B2B2C 就是经典的轻模式，而 B2B2C 模式是在博弈，很难成为行业的改造者。

而 O2O 是一个资源整合的过程，需要通过整合将资源和服务更优化，让用户得到自己想要的。

此外，美容是一个终身培训的行业，平台上线新的项目、新的技术出现都需要培训，轻模式很难做到集中培训和业务流程标准化，这些在陈枫眼里恰恰是美容 O2O 最难的一点。"当你面对人的时候标准化是最难的，长期的管理和培训是缺一不可的。"陈枫说道。

2. 美业 O2O 夹缝中求存

数据统计显示，目前美业线下专业店有两三百万家，而在互联网经济的推动下，美业上门 O2O 领域玩家越来越多，并成功吸引了资本大咖的关注。与此同时，随着美团、京东、58 到家、大众点评相继开展到家业务，O2O 领域的腥风血雨似乎才刚刚开始。

每个巨头都有吃掉全行业的胃口，但首先得能消化掉，创业者只要不站在巨头大潮一冲就没有的地方去 ，坚持做好服务仍然可以生存。"美容行业现在也在打价格战，我们得分析打价格战的目的是什么，团购本身是关注折扣的人群，电商是标准化的产品。尽管 O2O 领域的价格战难以避免，但美业不完全是纯价格战的领域。怎么花这个钱，怎么切用户，怎么定义产品，大潮过后企业裸不裸泳才是价格战的结果。"

想要在线上巨头和线下传统美容店的夹击之下，从残酷的市场竞争中突围，用户体验和用户满意度成为重中之重。美丽来除了基本的技能考核，皮肤生理学也是考核标准，两次未通过考核的美容师将被直接 pass。据了解，每批美容师中有 30% 是不能通过的。此外，在产品方面，美丽来选择了专门针对亚洲人皮肤设计，有 20 多年历史，同时获得过很多金奖的台湾安婕好来降低用户过敏率，保证上门服务安全有效。

"任何一个热的大规模新兴领域从 0 到成为赢家，都是一个长跑的过程，互联网的残酷在于更新迭代得更快，但是只要做好产品和服务，美业领域的垂直创业者都有时间和空间在巨头之下成长起来。"

那么中低端市场有没有被互联网＋美容进入呢？答案是肯定的。因为互联网像空气一样蔓延，是无处不在的。看看下面这个案例。

小美到家是一个专注于小而美的模式，用心服务周边 5 公里范围的顾客，把体验做到极致，通过口碑传播。

"小美到家"简介：

小美到家是一款由小邻小里科技（北京）有限公司开发的基于 LBS 服务的 O2O 上门美容产品，它是整合互联网技术和传统美容业务模型，以行业痛点重新梳理封装美容服务，同时借助互联网方式缩短服务链条和优化产品体验，从而提供专业美容师直面用户美容需求的去中间介质服务。小美到家于 2014 年 12 月正式上线，目前小美到家产品线包括 9 大类 20 余项美容服务，以规范化、专业化、低消费等特点快速进驻上门美容市场，目前能够覆盖北京六环内的绝大部分地区，后期预计将在上海、成都、杭州、深圳等城市逐步投入服务。未来小美到家将在社交、商业、内容、数据等多维度开展深度用户服务，充分解决美容行业供需信息不对称问题。

运营模式：

线上咨询，交流，预约，上门服务。

创始人思维：

O2O明显有别于电商，因为O2O有地域属性，线下服务才是根本，我们会发现，大量的小公司依然有活下来的机会，可以小而美地活着。如今O2O行业尽管被大家炒得很热，但离成熟期还尚远。对于目前的创业企业而言，不论是以最终成为平台为目标，还是以成为自己领域内的强势品牌为目标，先立足于当下，打好基础才是关键。尽管小美到家已经融到天使投资，而且定位也是做行业的小而美的品牌，但是最后还是要靠客户的黏度和传播度说话。

1. 小美到家致力于为用户提供专业便捷的美容服务

小美到家隶属于小邻小里（北京）科技有限公司，创办于2014年9月，CEO李明博。2014年12月小美到家APP正式上线，小美到家是一个提供O2O上门服务的美容品牌，目前拥有美容师50余名，其中部分正在培训中。小美到家目前只服务于北京六环以内。在美容师的时间成本的控制上，小美到家管理时间的精细度一般控制在15分钟内，每个美容师有一个自己的私人服务区，服务范围控制在当前所在地点的6公里范围内。目前美容师服务顾客还依靠公交，预计明年小美到家会为美容师配置电动自行车，致力于节省美容师的路上时间。

同其他上门服务的O2O创业企业一样，小美到家的美容师除需具备五年以上按摩师工作经验外，还需在公司内进行三周以上的培训，考核不过关便无法上岗服务。小美到家尽力从细节设置上来超越同行，例如准备了双人床大小的一次性防油床单，避免在服务过程中精油洒在顾客的床单上，同时还准备了美容专用垫，致力于提高顾客在家美容的舒适度。小美到家目前已经获得了天使融资。

2.O2O 创业企业未来很难成为平台

成为一个平台是大部分 O2O 创业企业的梦想，然而在小美到家创始人李明博看来，O2O 领域内的创业企业未来很难成为一个平台。李明博表示，是否成为平台，主要基于三点：首先，要有较高的频次；其次，基于 LBS 的相关属性不高；再次，客单价应保持相对平衡。

从电商的兴起开始大家都在励志做平台，而到目前为止，众多电商中也只有淘宝和京东可以称得上是较大的平台。在商品领域这块，商品的多样性也是用户购买的一个核心需求点，而淘宝的全品类很好地满足了这一点。同时，京东定位于 3C 产品的售卖，从在线购物的体验上抓住用户的需求，因而发力构建物流团队。而如今的京东也基于 3C 品类扩充了母婴、食品等一些品类。

李明博强调，在 O2O 领域最有可能成为平台的是打车领域，因为它符合三点：一是频次很高，二是与地理位置的相关性不高，三是客单价同时也很低。还有一个是外卖领域也是如此，而对于按摩、美容、美甲都是频次不高同时与地理位置相关性较高的领域，相对而言美容的频次较高一些，基本上一周一次，但客单价也较高一些。李明博强调，客单价高意味着可以挣到钱，不需要依靠资本与上市的力量来存活。O2O 将来会出现众多的垂直细分的品牌，在美业 O2O 领域内，每一个细分的领域都有一个强势品牌，而小美到家未来要做的就是专注上门美容。

美容行业是否可以借鉴国外成熟的互联网模式，参考一下，嫁接到美容行业呢？这个案例就是要学习 Uber 模式。"容么么"把互联网的共享经济做到美容院来。

"容么么"简介：

容么么美容美体服务主要分为面部护理和身体护理两大方面，面部具体分为活细胞水嫩保湿、活细胞极致补水、活细胞激白深层美白、活细胞抗衰紧肤等 4 大项；身体具体项目分为胸部保养、臀疗、肩颈背保养、腰腹塑形、腿部消脂、全身经络、全身玫瑰香薰 SPA 等 7 大项。旗下美容师更是有五年以上专业经验为服务基础，容么么为广大女性提供全程无推销、无办卡的专业美容美体上门服务。

运营模式：

线上预约，上门服务。

创始人思维：

容么么是 2014 年成立的一家做美容美体服务的公司，包含美容、美甲、足疗、家政、推拿、按摩等丰富多彩的服务项目，被火热推到互联网上。

容么么创始人"80 后"创业者杨丽辞掉 SOHO 中国高管职位，加入 O2O 创业大军。谈到当初选择做上门美容服务的缘由，杨丽说最早是因为自己的经历。

美容上门服务早就存在，只不过在少数派的明星圈子比较流行。

在朋友的介绍下，她也尝试过上门美容服务。这个过程中，她发现很多技师在全职工作之余，偶尔会私下接单，提供上门服务。但很长一段时间，上门美容的生意很难规模化运作。

随着支付等互联网技术的发展，以及消费者对上门服务认知度的提高，杨丽发现美容上门服务这门生意适合用互联网实现规模化了。喜欢折腾的她毅然辞掉让人羡慕的高管职位开始创业。

她最为推崇的一家公司是做着分享经济的 Uber。在杨丽看来，用户拥有美容技师的专属使用权，而非所有权，所以这也是分享经济的一种范畴。在特定时间内，用户能够以低于市场价格享受美容技师优质私享的上门服务，如同使用拼车软件拼到豪车一样，买单的却是普通车的价格，这不仅是她的创业灵感，也是她让上门美容从明星私享走向大众共享的商业逻辑。

1. 传统美容店之"痛"

据她介绍，在同样服务水准的情况下，容么么的价格只有传统美容院价格的 1/5 ～ 1/3。尽管价格非常低廉，而一旦规模化运作之后，仍有不错的利润空间。

就传统美容院而言，因为有高昂的房租、美容美体设备、劳务成本等开支，每年的开店成本居高不下，利润率已经相当薄弱。为了赚钱，原本该拼手艺的行业，却一直比拼销售能力。技师晋级、加薪的考核指标不是衡量手艺，而是看兜售产品带来多少收益。导致的最终结果是用户服务体验非常差，甚至办卡第一天享受的服务质量跟办卡之后有着天壤之别。

美容店的盈利模式跟美发业非常相似。老板就是靠不停卖卡，不停开连锁店赚钱。一旦美容美发店资金链断裂，老板必然关店跑路。

这个传统的行业确实也受到互联网的严重冲击，但走"上门服务"这种道路对他们来说绝对是死胡同。线上线下价格冲突、员工安置、物业等问题严重束缚着连锁店的转型。

杨丽承认，从互联网能提升传统行业效率的角度来讲，并不是所有的服务都适合做上门服务。但应用到美容行业，运营效率明显提高，因为技师收入提高的同时，服务质量也在提高，平台知名度、收入等方面也会有正向的连锁反应。

2.Uber 的用户导向思维

随着上门服务的萌芽，轻资产运作的互联网公司开始走向历史的舞台。大大小小的上门美容类公司数不胜数，知名度大些的有美丽到家、小美到家、美到家、白鹭美、百彩嘉等公司。

通用的互联网思维是便宜、简单、快，然而女生对价格的敏感天生就没有那么强烈，因此容么么更注重服务和体验。杨丽认为，容么么在用户体验上的优势在于，创始人本身是女性，创业团队里有美容院背景，运营总监 Celine 师出名门，在多家美容机构有多年经验累积，有较强的技术手法。

她一直强调，美容和美甲不是一个层次的事情，美甲可以失败，美容却是不允许失败的。女生对自己的皮肤要求非常高，她们宁愿多花钱找更好的服务。"互联网天然的本质是屌丝经济，快、准、狠实际上是跟女性的用户需求天然不符的，我们恰恰平衡了这一需求，这也是容么么区别于其他互联网 O2O 品牌的优势。"

容么么认为，市场上出现众多竞争对手并非坏事儿，能教育市场，让更多消费者接受到家服务。"大家倒也不一定非得拼个你死我活"。容么么准备采取"高频低毛利带动一个相对低频高毛利"的差异化打法，具体来说分为三步走：第一步，用低毛利的产品打市场；第二步，做高端私人定制；第三步，将过于依赖设备的项目流入到线下美容店完成。

跟河狸家模式的不同之处在于，容么么跟技师签约，双方属于合作关系。容么么配备的技师数量和用户数量必然会长期处于一种此消彼长的态势。所以，他们配备的技师量会略大于需求量。尽管技师对容么么的成功与否起到关键性作用，但并不代表容么么是一家以技师为导向的公司。"用户第一，其次才是技师。"

那么，以用户为导向和以技师为导向的区别到底在哪里？同样有着美容业务的河狸家，其实更倾向于以技师为导向。比如，想做面部美容的一位顾客进入美容页面，会看到仅仅"面部美白"项目就有超过 100 个技师的展示页面，需要用户在 100 多个技师中逐个进行筛选。容易出现用户选择好技师之后，却发现技师根本没有时间。另外，这种模式很容易刺激技师可能因为订单多变相涨价，或者降低价格追求更多订单，结果都有可能导致用户体验下降。

而在容么么，用户输入上门时间、地点、服务项目之后，系统会自动推送 5 个肯定能上门服务的美容师，这就减少了用户的决策成本。并且，在容么么的每个美容师，都是经过层层面试严格筛选过来的，能保证服务质量。

"尽管是小事情，但背后反映的产品逻辑不一样，运营思路也必然不一样。Uber 的用户黏性相对更高，是因为它不是建立在金钱基础上，而是建立在人与人之间的关系之上。建立在金钱基础上的关系，钱一断关系就断了。所以，Uber 一直强调的是文化，强调做这件事情很酷，跟金钱没有任何关系。"

推销办卡是传统美容院锁住用户的惯用技巧，也是距离现金流比较近的一种商业模式。但杨丽承诺"容么么永远都不办卡，绝对不做推销"。在不办卡的情况下，如何让客户一直停留在平台上并产生高复购率，绝对考验技师的服务水准，对容么么的运营能力提出更高要求。"竞争出来的美容师才是最好的，美容师尽力做到最好，用户忠诚度也高。"

就是在这样"极端"的商业模式下，容么么在短短三个月时间内做到了日单量近500，高达68%周复购率，这份数据确实高出不少同行。杨丽说，这组数字还在持续增长中。

技师从招聘、培训、管理、激励等各个环节都有一套完整的系统，以保证规模化之后，能提供标准的服务质量。容么么从品牌美容店中精挑细选5年以上的技师加入之后，再进行15天的流程化培训，每个服务细节都会分模块进行考试。考试合格之后，技师服务20个订单之后，再根据回访给予综合评价。

谈到如何实现快速地规模化扩张问题时，杨丽的回答是："Uber是通过系统进行高性能的运营吸引用户，而不是像滴滴专车自己买车投放到市场，这种做法并不高效，没有从根本上解决互联网的本质问题，违背共享经济，反而走向B2C模式。"她是想通过系统和运营的标准化，以相对轻资产的方式运营好自己的技师团队，从而实现规模化扩张。

不要以为上门服务都只能做些简单的基础服务，也有对技术要求高的细分领域也玩起了上门服务。现在就出现了针对抗衰老这样高大上的项目的O2O模式。

"私人美疗师"简介：

私人美疗师由北京大学国家发展研究院EMBA/MBA同学联合创建。致力于提供科技抗衰、专业美疗预约上门服务。

创始人思维：

虽然医学和科技的进步让我们有了留住青春的方法，但是专业美容院动辄上万元一次的费用还是让很多爱美人士望而却步；即使可以承担高额的美容院费用，商务人群紧张、高强度的工作生活，也无法满足专业美容院服务定时、有规律的要求。于是，定格青春在很多时候成为都市商务人群一个最简单也最困难的命题。

私人美疗师扭转了这种进退两难的局面，通过"加减乘除"的方法，让定格青春唾手可得。

加法：可定制流程加强美疗功效；在一次项目流程中，拥有专业医学知识的私人美疗师，会根据消费者的自身状况，对服务内容侧重进行调配，直击消费者痛点，让美疗功效更加出色。

减法：服务到家减少客观消费阻碍；下班前，打开手机预约，到家时，就可以立刻享受私人美疗师的贴心服务。美容院和家之间不再隔着疲惫的身躯和结业时间的逼迫，只要有心，就可以留住年轻。

除法：服务价格除以二；私人美疗师一次美疗服务的价格仅为专业美容院的一半，价格更亲民，覆盖人群更广。

乘法：美疗效果乘以二；私人美疗师更专业、更高效的美疗仪器，实现了超越专业美容院、可肉眼观测的美疗效果。

定格青春，不光是留住姣好的面容和体态，还要留住能够"取悦"自己的信心和点亮生活的光彩。这是生命的态度与追求，也是私人美疗师的理念与奋斗目标。那么，不如与私人美疗师一起，被岁月的流逝浇灌，终开成一朵惊艳的花。

别以为互联网+美容就只是上门做美容这么简单。通过互联网的技术，发挥线下门店的资源优势，结合专业人才的服务体系，整合全链式闭环模式，也是当下一些有强大传统美容院基础的企业家想做的事。这样就可以充分发挥原有的优势，不至于推倒重来。

"美道家"简介：

美道家，是中国专业的上门美容服务平台。"上门美容就选美道家"，美道家由具有多年美容行业经验和互联网经验的资深团队倾力打造。抓住移动互联网高速发展带来的机遇，坚持以用户为中心，以产品和服务为根本，赢得广大客户的认可与信赖。

美道家打破传统美容行业经营模式，利用移动互联网O2O模式打通线上线下，在线预约，上门服务。使消费者一机在手，随时下单，随时美丽。美道家追求和传递自然美、健康美、永恒美，帮助亿万女性消费者实现美丽之梦。"美道家"杜绝了传统线下美容院存在的高价位、不透明、提前售卡消费、频繁推销等通病，借助移动互联网和传统行业相结合的创新模式，降低成本、信息透明、产品安全、服务机智，并能实现用户及时反馈和监督。"美道家"上门美容的出现开启了美容行业的变革之门，让该领域重新回归至关注美容本身，让每个顾客获得极致的服务和体验。

美道家从北京起步，目前已进驻上海，成都、杭州、西安、广州等城市也在同步启动中，并逐步实现全国布局。

创始人思维：

美道家创始人于明山来自于传统美容行业。他有着一百多家线下美容院，在美业深耕 20 年以后，深谙美容行业必须走上转型升级之路，美道家是他下了很大决心的二次创业。"我们要走出一条路，美道家要成为探路者。"传统商业的本质是赚取信息不对称的差价，但是在互联网时代，互联网最大的价值就是消除了中介的环节，让产品和服务回归本质。当微信代替了短信，支付宝压缩了银行业，苹果代替了诺基亚，滴滴代替了出租车，携程代表了旅行，生活开始和互联网形成依存互补的"姻亲"关系。

美道家在做连接的平台，连接用户、厂商和平台，美道家希望通过互联网的平台推动行业的发展。美道家的价值是上门服务、线上导流、实战教育、万店统采、众筹医美、评价充电、平台招聘、数据管理、年度规划、升级孵化。美道家的优势是先发优势、实践优势、成果优势、背景优势、人物优势、资本优势、品牌优势、教育优势、治理优势、文化优势。美道家希望能在某种意义上面代表美业的未来，是一种趋势、一种潮流、一种走向。

联合创始人孙云龙来自于互联网。美道家是在线下做服务，在线上完成预约的闭环的操作。线下技师去到用户选择的地理位置给用户提供服务，美道家做了多场景的应用的开发，打造了多场景服务方式，通过多场景的打造，创造更多的客户应用的场景场合，而且创造了多用户进入的场合。同时也做了一个标准的服务流程。后台包括 CRS 管理系统再加上办公管理系统，包括自主开发的报警系统，以及和百度、顾客来发布的 ERP 的管理系统，同时还有一套用户分析系统。这个是美道家完整的云平台下的 O2O 的系统布局，拓展了市场。为了系统的落地，结合 ERP 的系统，用户端要做的是帮助大家来省钱，帮大家减少成本，提升利润。

不过这条路也不是那么好走的，里面牵涉到两条线之间的利益分配，毕竟都有 KPI，怎么先保住自己的口袋才是重要的，所有内部管理流程重置是第一大问题。同时对于外部客户的重新认识和选择就是第二大问题。客户到底是选择去你店里还是等你上门。如果没有核心的区别，那么自然还是按照习惯来，继续进店。如果上门服务的优惠力度过大，势必牺牲原来的收益。而这种牺牲还不是暂时的，这就需要老板去取舍了。

第 13 章　互联网＋美发

中国美发行业的空间有多大？就按照每个人每月理发一次，平均每次 10 元计算，一年理发的最低消费额为 1680 亿元。这还没算女孩子做个头发几百元，现在城里人几乎没有 10 元理发的。对于这么大的市场，互联网的魔力自然不会是空白。近两年来互联网美发也是发展迅猛，因为和美容相比，美发对设备和环境的要求要小得多。唯一的核心就是美发师本人。而互联网最习惯的方式就是改变做事场景。

在美发行业普遍流行的一个模式就是办卡模式，这个模式被很多新模式当成靶子。臭美网就是一个把"灭卡"当成口号的案例。

"臭美网"简介：

臭美网成立于 2011 年，是一家专注于互联网及移动互联网应用开发的高科技企业，主要开发、运营面向腾讯等开放平台及移动互联网用户的 APP 应用业务，致力于为用户提供实用个性化的应用服务。

公司拥有丰富的 APP 应用开发、产品运营经验，先后开发了在线发型设计工具、编发课程、发型风格诊断、我爱打扮、看图猜谜、拼图达人等应用，其中在线发型设计工具在腾讯开放平台拥有 2000 多万

用户，并于 2011 年获得腾讯开放平台"腾飞奖用户价值突破奖"，其余多款应用也长期占据各类应用排行榜前列，深得用户喜爱。

运营模式：

臭美将线下美发店整合起来，批量购买美发店的会员卡后再将会员卡的折扣提供给用户。臭美相当于一个折扣的分销商，用户通过下载臭美 APP，在不办卡的同时享受会员折扣。臭美盈利模式：以平台佣金的形式获取利润，预付 3 万元给美发店，美发店获得 3.3 万元的消费后再从中抽取利润。臭美推广的模式利于 B、C 两端，美发店上座率增长，也就有更多 B 端商家愿意促成合作。

创立于 2011 年的臭美公司，在短短 4 年时间里发展了 1500 万用户，已获千万美金 A 轮融资。在美业 O2O 的竞争路上，不断有同行倒下，臭美如何做到杀出重围，得到投资机构青睐，得到线下美发店的簇拥，捕获用户的心，不断把蛋糕做大？

创始人思维：

1. 创新解决方案，优化美发行业生态环境

逆向思维，反其道而行，通过"灭卡"搭建臭美平台，倒逼美发行业，引领行业全新改造升级，整合步骤：①选择深圳 10% 的优质线下美发店合作，制定用户满意度考核机制，优胜劣汰；②甄选 10% 的发型师，进行技能提升，培养明星从业者，让更多发型师得到行业尊重；③选择 10% 的对生活品质追求高的用户，成为种子用户；④集中采购优质美发产品，无差价批给美发店降低其采购成本，保证产品质量，控制源头，杜绝假货，敢承诺"假货一分不用付"；⑤批量采购各店 3000 级别的美发卡，为美发店预售和导流，平价分销给臭美 APP 会员，让各店价格透明化，让会员享受平价消费的尊贵服务，承诺"发型不满意 7 天

内重做"；⑥打造"不办卡联盟"，会员每次美发前再买单，享受无推销、不办卡却能享受折扣的环境。

2. 盈利模式

"平台佣金、集中采购、单品销售"三方面。

3. 商业模式

一切的商业模式终究要回到用户的需求原点上，通过"灭卡"来颠覆传统，在行业中杀出一条血路，先让用户获利，再让商家获利，最后才考虑臭美的利益。通过打造用户—商家—平台的强关系，让大数据控制信息和服务透明化，打造O2O美发行业的重模式，在这个创新的模式中，多方获利才是多赢。

4. 遇到的困难

传统O2O的改造升级，真的不容易。4年来美发领域的探索，开始总是想寻找离钱更近、体量更轻的商业模式，经过5次的模式试错，通过多次与行业相关人员和用户的深度访谈，从用户角度挖掘最深层次的行业痛点，并找到解决方案。

5. 竞争策略

一切不降低商业（交易、物力、组织）成本的商业创新都是伪创新，所以整合模式中提到如何通过内外部争夺资源，并让多方获利。

第一层面，原来40%的上座率到达60%～70%，让商家利益翻倍。

第二层面，去中心化，目前很多店是街边店，物业租赁成本非常高，臭美帮助美发店深度O2O化，是为了降低经营的大部分成本。

行业分析：

美发行业是社区（地理位置）的竞争，通过行业竞争后形成臭美店和非臭美店，让臭美变成行业标杆，提高消费单价比，但用户消费没有提高，商家获利。

臭美的模式灭了卡，也整合了线下门店，可以看成是一次线下店的转型升级模式创新。当然，除了灭卡，互联网要干的事不止这一点。上门理发依然是热点。我们一起来看看 SHOW 发的模式。

"SHOW 发"简介：

SHOW 发，为深圳爱美生活科技有限公司开发的一款美发类移动应用产品。SHOW 发应用的宗旨是，提供不一样的美发体验。SHOW 发应用最大的特点是分享优质发型图片，帮你找到最靠谱的发型师。这是一款集工具、社交、O2O 为一体的移动应用。

运营模式：

SHOW 发应用致力于提供全新的美发体验，以美发相关内容为主导，面向消费者用户及发型师用户。在移动客户端为爱美人士、发型师、门店三者搭起沟通与展示的桥梁。

创始人思维：

SHOW 发应用展示最新的发型排行榜、流行资讯、上千款时下流行发型，用户可以对自己喜欢的发型进行收藏、分享、点评。LBS 功能，可以精确定位所有理发店的位置，且可以根据距离、人气、发型师数量等条件进行查找、筛选、排序；消费者用户、发型师、美发机构都设有自己的专有页面，针对不同的用户类型具有不同的展示专页，让用户可以更全面地展示自己，更具专业性；美发机构或发型师可以通过平台进行优惠折扣、营销活动等信息的发布及推送，从而提高知名度及营收；试发型工具可以通过拍照或者上传用户图片的方式，使用虚拟的发型为自己进行模拟装扮，效果自然逼真，为用户在选择发型上提供了最直接最有价值的参考建议。

SHOW 发改变以往美发消费行业信息不对称的体验模式，将有造型需求的用户和发型师、门店连接起来，帮助用户找到合适的发型师，帮助发型师、门店宣传推广，树立独有的品牌形象。易用性和良好的用户体验，一切从用户出发，才能赢得用户。

上门服务还有更加细分的领域。素简就是一家专注男士上门理发的平台。男士理发要简单得多，而且安全性也高。

"素剪"简介：

素剪是一家以男性消费者为主要目标群体，专注于 B 端的上门美发 O2O 平台，其以 15 元的价格在 10 分钟的时间里向用户提供剪发服务。

运营模式：

在线预约，上门服务。

核心定位：

现如今在理发店剪头发，通常都要花费很长的时间，不少男士都会抱怨，只是剪个头发而已，为什么要花费那么久的时间？实际上，大部分男士去理发店目标都很明确，只是希望快速地完成剪发，而理发店一些和剪发没太大关系的服务消耗了顾客的大量时间，同时也不得不为此额外加费。在这样的市场环境下，互联网人看到了机遇，专注于B端的上门美发O2O平台素剪就是一家以男性消费者为主要目标群体的项目，其以15元的价格在10分钟的时间里向用户提供剪发服务。

创始人思维：

素剪成立于2014年11月28日，CEO阮洋，隶属于杭州快剪网络科技有限公司。在素剪的APP上，用户可以预约时间、挑选发型师、查看发型作品等。素剪平台上的理发师大部分来自于理发店，通过整合一些理发师资源，利用理发店理发师闲暇时间为周边用户提供上门剪发服务，这部分理发师由理发店老板进行操控；另外一部分是全职理发师。素剪的理发师必须拥有3～5年的经验，阮洋表示，如果是经验不够的理发师会因技术不熟练而不具备10分钟快速剪发的标准，自然就会被市场给淘汰。此外，每个发型师在上门服务前都会经过严格的培训，他们配有统一的服装和工具。

1.专注于B端企业用户

目前素剪主要面向B端企业用户，同时素剪也选择在杭州地铁圈建设自己的线下店铺，这些店铺由全职理发师经营。素剪的线下店铺一方面可以服务于部分经过地铁需要快速剪发的C端用户，另一方面可以很好地进行品牌宣传。

同时，素剪线下店铺的全职理发师也会利用闲暇时间为地铁周边的一些企业用户进行上门服务，增加一些额外收入。素剪省去传统理发店的洗发、吹发等繁杂程序，从而降低了理发店的时间成本、经营成本，同时也为理发需求较简单的消费者节约了时间。

2. 从"快"字出发

传统的美发，大多要做到包括按摩、洗发、修剪、吹风到造型的程序，需要花费很长时间。同时因为价位高，要设法让顾客感受到花费的价值。但是对于大多数的儿童和男性消费者，他们并不需要复杂的美发产品，也不希望在剪发上花费较长的时间。素剪把"剪发"这一环节独立出来，拉成了一个单品。阮洋表示，这种去服务化的方式，消费者不会被过度服务，在剪发业是一种颠覆性的创新，而且价格低廉，消费者觉得便宜又方便。

素剪的目标群定位于那些对剪发需求便捷简约的人。

从素剪的用户面来考虑，企业有两个入口：企业作为一种员工的福利，企业为自己的客户提供福利，例如素剪会和一些早教机构合作，定期为旗下儿童提供服务。

阮洋表示，专注于男性和孩子是因为他们每年在理发频次上要高于女性，而且操作项目简单。而在未来，快捷酒店也很有可能会是素剪可以对接的一个入口，阮洋表示，传统的酒店在以前都会有美容美发的业务，但这几年几乎已经没有了，而快捷酒店本身体现的就是一个"快"，当前台发出一个剪发的需求，周边的理发师能够迅速响应帮助酒店用户满足他们的剪发需求。

3. 与国外 QB House 的不同

QB House 是日本一家将速度做到极致的理发店，创始人小西国义，成立于 1996 年。QB House 剔除了传统理发店中顾客自己在家就能完成的服务，如洗发、吹发和刮胡子，只给忙碌的都市人提供剪发服务。QB House 本着"十分钟令人焕然一新"的宗旨。据了解，截至 2015 年 QB House

已经开设近 550 家分店,除在日本本土外,已经蔓延至中国香港、中国台湾、新加坡、马来西亚等地区和城市,平均每月有超过 125 万人次的来客数。

据网上公开资料显示:QB House 没有高利润的烫染和美发产品销售,只靠着一个客人 1000 日元左右的客单价格,QB House 在成立几年后就实现年收入 40 亿日元。与素剪对比,QB House 还是一个传统的打法,通过不断地扩张店面来换取客流,重心在线下。而素剪则运用 O2O 模式,其重心在于整合理发师资源到自己的平台上,主要通过平台完成用户对理发的需求。

阮洋表示,素剪与美发 O2O 领域内其他的创业企业的模式区别在于:素剪能够快速让所有的理发师通过这个平台来实现盈利。对于盈利模式,素剪通常会提取 15 元的 10% ～ 15% 的分成,剩余部分归美发师和美发店所有。这也就意味着,服务顾客数量越多,盈利越多。

然而对于素剪而言,直接和理发店老板合作,一旦理发店和企业熟悉了之后可能存在理发店绕过平台直接和企业对接的可能。此外,素剪目前的困难在于在城市的快速扩张方面,在资源的对接以及资金和扩张速度上有很大的考验。

美秘是一家专注女性美发的平台,让女性在线上可以找到自己喜欢的高水平的美发师。当然这些美发师还是在各自的门店上班的。这个 APP 带有一点点大众点评的模式,也带有一点点社交的味道。

"美秘"简介:

美秘,是一款基于图片与问答的免费手机 APP,目标是帮助女性用户找到美发师。使用美秘可以查看美发师上传的各类作品,作品可分享至微博、微信、QQ 空间;使用美秘可免费向美发师们咨询生活中遇到的各类美发问题,用户提问时可指定特定美发师回答,有效保护了用户的隐私。

美秘会不定期与线下美发店联合开展线上线下活动，在帮助用户普及美发小知识的同时给用户带来实际的优惠。

运营模式：

美秘作为一款移动互联网产品，结合线下美发店以 O2O 的模式帮助用户寻找更多美发师，希望让每一个用户都能找到适合自己的美发师。

创始人思维：

爱美之心，人皆有之。尤其女性追求美丽更是不遗余力。因此，美发作为女性消费者的刚需，也开始被互联网追捧。目前美发 APP 虽然也有不少已经上线运营，但并没有出现一家独大的局面，大家的当务之急都是对用户市场的占领。作为生活服务领域的又一个创业热点，美发行业的 O2O 价值如何发掘？

身边的女性朋友美发消费行为的大致流程，一般是先找发型图片，看点评或者朋友推荐确定发型师，再到店消费。对发型图片这块，几乎是所有美发 APP 都极为重视的一部分。美发 APP 都试图通过造型图片这个媒介，将用户—发型师这个关系链打通。谁在细节上能技高一筹，谁能梳理出消费者真正的需求，谁将能获得更多的用户。

那么如何帮助爱美的女性找到靠谱的发型师？这也是美秘CEO吴思一直用心思考的一个核心点问题。

大家都在强调帮助用户找到靠谱的美发师，而单一地只靠作品展示就想让用户来选定她想要的美发师是远远不够的，因为用户下决定找哪个美发师的前提是需要对这个美发师有足够的信任。

吴思的解决方式是，为用户提供了互动问答的平台，强调美发师思想能力经验的展示，更加注重用户与美发师信任感的建立。用户可以根据个人发质、脸型、肤色等特点，提问关于造型、染发、护理等问题，邀请美发师来回答，可以向海量美发师获得免费咨询，之后还可以做满意度打分来评价美发师，通过提问和评论美发师的作品，能更多了解美发师的方方面面，从而决定选择哪位美发师为自己服务。相对单一的图片展示，美秘加入了基于兴趣的社交化元素。

另外，线下是所有O2O领域创业必须要过的一关。吴思曾任搜狐焦点二手房网的总裁，有着300多人的跨城市跨区域管理经验，为美秘的线下发展奠定了很好的基础。

美发服务，是最直接的人对人服务，也是一定程度的艺术创作，沟通、交流、分享应贯穿始终。在美发垂直领域可以试着巧妙地融入社交元素，回归到"人"本身，才能更好地服务"人"，留住"人"。

"美美豆"简介：

美美豆让发型师入驻平台，在线交易，上门服务。建立美发行业领域内，线上线下相结合的一个创新模式，专注做好美发领域的O2O。

美美豆是上海瞻澳信息科技有限公司旗下一个专注于美发行业，致力于提供用户和发型师之间体验式互动分享的平台。

美美豆是一个移动互联网 APP 应用，通过手机终端将用户和发型师之间的沟通管道打通，建立美发行业领域内，线上线下相结合的一个创新模式。

运营模式：

线上支付、上门服务。

创始人思维：

去哪里理发？理什么发型？可以说是跟"去哪里吃饭，吃什么"一样让人头疼但又不得不去解决的问题。男生可能要求低一点，但对于有洗剪吹、烫发、染发、护理等需求的女生来说，其中70%找理发店的方式还是就近解决或者朋友推荐，更别说是拥有自己的专业发型师了。因此用互联网的方式颠覆美发这一传统领域，其背后的机会和市场还是相当可观的。

美美豆正是这样一款帮助用户解决"头发"问题的应用。简单来说，它的模式可以概括为搭建一个平台，将有理发、烫发、染发等需求的人群和发型师对接起来，通过向入驻发型师收取一定的费用实现闭环。收取发型师入驻费是美美豆目前的主要盈利方式。

通过美美豆，用户可以根据自己的头发长短查看适合自己的发型，如果对某款发型有兴趣，可以查看对应的发型师并做预约。另外，你也可以直接查看附近的"特惠预约"，根据对应发型师的作品、用户评价和时段，再做预约。

除了上门就不是互联网模式了吗？当然不是。小左美发通过线上推广，摆脱线下门店对人流量的依赖（因为人流量越大的地方房租就越高，成本就越大，竞争力就越小），把顾客都吸引到线下门店来（门店只开在租金便宜的地方，比如写字楼）。这就是互联网的另一种模式——线上引流到线下。

"小左美发"简介：

小左美发于 2014 年在上海创立，开创了"不办卡、不推销、不满意重做"的营销理念，将发型师搬到线上。在小左美发的 APP 上可以直接看到各店的发型师，其中包括他们的个人资料、作品、用户评论等内容。消费者接受服务后能在平台上直接对服务进行评价，让后续的顾客有参考的依据。且小左美发重视客服反馈，电话、互联网并重，充分考虑用户感受。用户通过微信或者 APP 就可以直接预约，少了其他不必要程序，且享有更高性价比的优惠。小左美发甚至采取 30 天内无理由退货，保证若顾客对服务不满意可选择当场退款或在 30 天内重

做，从产品保证了 O2O 模式的有效运行。

运营模式：

线上预约，上门体验。

创始人思维：

在 APP 上，发型师、产品的价格都做到了透明、公开，破除了信息不对称的藩篱。另外，配套的售后服务，让消费者享受到的服务更完整。

小左美发摒弃地面营销，选择了现在更为普遍的 O2O 营销。不同于现今传统的美发店，选择人流密度较高地段的高租金的店面，小左美发则选择了租金较为便宜的次门面房，将更多的费用用于互联网营销。同时也避免了以"套卡"模式经营的理发店造成的不理想的体验和服务。还能帮助店面管理客流，提升各店各个时段的运营效率。尽可能避免工作日 18 点前门可罗雀，18 点后人满为患。

在互联网迅速发展的今天，女性是各个公司争夺的一块宝地。数据显示，2014 年女性用户在移动互联网的增长率继续创新高。而与男性相比，对于移动互联网的依赖性，女性用户特点更为鲜明，其发展势头也最为迅猛。社交类和工具类的 APP 更吸引女性，在这样的大环境下，小左美发的创办让女性满足这两者的结合，小左美发主要客户群为 20 ~ 30 岁的年轻女性，她们习惯用手机微信。小左美发选择了美发这个细分市场，抓住了现今 2.7 亿女性的消费潜力。

现今消费者的消费习惯基本分为：随机性和决策性两种消费。打车，就是随机性消费，司机基本上都可以；而美发这个行业则属于决策型消费，不少顾客会评论"×× 老师非常好，剪得很仔细，下次还会光临"。那么这个理发师就绑住了一个顾客。针对这样的消费态势，小左美发比起美发店更看重发型师这个个体。发型师每单的收入比传统店更高，再加上公平完善的晋升机制，在小左美发管理下的发型师工作更稳定，收入也更高。

首家门店销售额从最初的每月两三千元发展到了一万多元，而与之相应增长的还有微信关注数和APP用户数量，可见营销模式是成功的。但成功并不是偶然的，现今的美容美发行业确实存在着不同程度的问题，虽然也存在一些敢为人先的优秀典范，但仍存在一些问题。在开店伊始就考虑到了这些并最大程度地避免了这些弊端的出现。

从收银台到物流管理、订单管理、投诉管理、客服管理、营销管理等都有属于自己的CRM管理体系，可以从中充分利用数据分析市场。另外顾客到店服务、预约、订单管理、甚至用户的盈余时间等也有记录，这些用户消费行为只有被数字记录才能进行下一步的管理和利用。

创始人并没有将眼光放在店面扩张或者盈利上升的短暂目标上，而是致力于打造成一个发型师的创业平台，并利用庞大的数据库将行业拓展至美甲、美容等行业。现今，女性消费者占据的美发、美甲、美容等以女性为主要市场的行业仍是蓝海，且这些市场的手机应用产品现仍处于发展阶段，市场潜力很大，上升空间也不容小觑。

南瓜车是一个对上门服务说"NO"的O2O模式。南瓜车创始人是在大众点评干了7年的资深O2O专家，他坚持专业的事一定要在线下完成。

"南瓜车"简介：

南瓜车是美发领域的O2O平台，通过提供线上预约工具和线下场地来直接连接用户和美发师。

运营模式：

线上预约，上门体验。

创始人思维：

用户是不是已经对各类上门 O2O 服务开始"视觉疲劳"了？南瓜车或许能给你带来点新鲜感：这家专注美发 O2O 领域的初创公司，并没选择跟风大喊"上门"的口号，而是走了最传统的到店模式。

创始人卢鑫的上一个头衔是大众点评的首席流量官，创业前干了整整 7 年的 O2O，谈过 200 多个细分行业的合作。之所以选择"到店模式"，主要有两点：一是缘于美发服务的特殊性，染发、烫发的很多设备无法随身携带；二是"上门模式"是所有服务 O2O 里面最轻的，进入门槛低，拼到最后就是资金和流量，小型创业公司的机会并不大。

"按照点评（大众点评）的数据，国内线下美发店有 270 万家，但整个行业处于极度小而分散的状态，因此平台的机会很大。"把南瓜车打造成一个美发领域的 O2O 台，通过提供线上预约工具和线下场地来直接连接用户和美发师。

对于用户而言，南瓜车的 APP 相当于一个服务前置的平台：你可以先在上面查看透明的价目表、美发师详细的个人资料和历史评价，然后挑选中意的发型和美发师，预约到店时间并完成在线支付。之后的流程和大家平日里去就近的理发店一样，只是不必烦恼过程中的各种推销了。

对于美发师而言，只要接单后好好服务、将发型做好，不需要推销办卡，就能获得高比例的佣金分成，收入区别只在于个人手艺的高低。换句话讲，他们相当于在南瓜车的平台上开了家自己的 "虚拟品牌美发店"，可以自由管理各自的用户、时间及作品，维护和客人之间的关系。

传统美发店面临几大问题：①房租成本太高。②引流能力弱。传统店面只能靠临街店来引流，这种方式能吸引的客人越来越少。③得靠办卡吸拢资金。

南瓜车的特点在于通过线上引流、营销等方式改变了线下传统的利益分成关系，很大程度地解决了传统美发店遇到的上述难题。卢鑫说，她看好中国美业未来巨大的发展空间，从"70后"到"80后"再到"90后"，如今年轻一代的女性愿意在"美"上花的钱越来越多了，她们不缺钱，缺的是优质、透明的服务。

截至2015年，南瓜车平台上的美发师有40多名，主要分为两种：第一种来自于自建的实体店；第二种来自于合作店（个人工作室）。"美发需要场地和设备，因此我们（南瓜车）提供两类线下场地：一是品牌直营店；二是跟手艺和服务理念好的个人工作室合作，帮他们导流，他们收入都归他们自己。"由于线上承载了引流和营销的任务，南瓜车的直营门店可以开在闹市区的楼宇里，等于节省了一大笔租金成本。而且南瓜车的整个服务流程是顺畅的，理发师也挺专业。

截至2015年6月，平台日订单量在200左右，复购率为35%，50%的发型师每天可接到8～10单，月平均收入为2.6万元。南瓜车2014年12月获IDG数百万美金天使融资。

我们前面看到的都是干得热火朝天的案例，是不是互联网＋美发就那么好做？这个世界永远都是少数人成功，大多数人失败。当然，开始做的时候也是很多人看好，可是结果很现实。时尚猫就是一个失败的案例。

"时尚猫"简介：

站在消费者一端看，这是一个潮流发型、美发师、美发机构和优惠信息的垂直聚合。用户可以用来发现新的发型和美发师，在线完成预定、客服、点评等活动。而站在商家一端看，时尚猫新上的"旺铺"APP算是一个简单的CRM，允许美发机构的老板随时随地管理店铺信息、订单和用户评价。"旺铺"功能并不复杂，却代表了垂直O2O行业的一个发展方向。

运营模式：

线上预约，上门服务。

死亡评价：

时尚猫"饿"死了

我们一起来看看《中国连锁》记者对时尚猫的报道。

1. "技师＋平台＋用户"模式

2013年10月，时尚猫正式开始运营，以"团购＋服务"的形式，用户可以通过手机APP用非常优惠的价格买到专业美发沙龙的服务，直接预约到自己认可或喜爱的美发机构和技师，在合适的时间去享受服务。

时尚猫强调自己的专业性。"我们只与专业店合作，与我们合作的机构必须是专业店,例如美发店就是美发,不能兼营美容或美甲项目,这样才能保证服务和技术的专业。"赵健说。

但时尚猫运行并不顺利。赵健坦言,团购模式的管控链条并不是闭合的,美发机构作为独立的经营主体,平台是无法管理它们的。这也使得很多不良体验产生,比如顾客到门店,门店否认跟时尚猫的合作,让消费者花高价购买服务;或者门店表示某产品的价格已经过期,必须加钱才能享受服务;或者门店拒绝使用时尚猫的电子消费卡,要求顾客付现金等。

这样容易让消费者对服务平台产生坏印象。"更可怕的是,一个用户的不良体验会导致他周边的一群用户对时尚猫产生怀疑,并很难扭转坏印象。"

2014年下半年,时尚猫开始第一次转型,牵手发型师自己做服务。是一个C2B2C的结构,即"技师+平台+用户"。通过时尚猫这个平台将发型师和用户连接起来。同时,时尚猫为技师解决产品、耗材、培训、支付等问题,在时尚猫上的每一个发型师其实就是一个创业者,在经营一个虚拟的店铺,他们需要考虑的是如何专注地服务好每一个顾客。

这样的转型似乎很受市场认可。一个多月来,每天都有十几个订单,两个发型师满北京城忙得不亦乐乎。正如时尚猫的微信公众平台中写着的那样:只要你居住在北京五环以内或五环外地铁附近,发型师都可以提供上门服务。

2. 高分成捆绑发型师,不靠产品赚钱

其实,上门服务早已不是什么新鲜事,例如上门美甲、上门保养车辆、大厨上门做菜等。而对于普遍担心的安全问题,或者说消费者对于上门服务与隐私权之间的衡量问题，赵健认为："所有的新事物都有一个过程，正如一开始大家也觉得支付宝，到后来的余额宝不安全，但是它们现在被使用得越来越频繁。另外，我们也在技师的非专业技能上（如服务流程、沟通等）提出严格要求和培训，让消费者放心。"

考虑到上门服务的时间和交通成本问题，发型师对于这样的模式接受吗？赵健算了这样一笔账：美发店里发型师剪一个头最多拿30%的提成，护理染烫的提成就更低了。而发型师跟时尚猫合作，扣除产品和一些耗材的费用，每单的分成比例超过50%。这样，就保证了发型师是靠技术和服务赢得用户，而不是沦为推销美发储值卡的工具。

"其实，美发店是缺少顾客的。"赵健坦言，传统的美发店都是提倡卖卡，通过利益捆绑（办卡有折扣）留住顾客，而相应的，美发店的发型师都或多或少的有着某种意义上的业绩要求。"但是，大多数消费者对于办卡是没有兴趣的。"事实上，较大金额存放在门店还有可能遇到很多其他问题，例如门店倒闭了、原来预定的产品缺货而导致的换产品、偷工减料减少消费次数等。以发膜为例，一个过肩膀的长发本来正常可以做7次，但店员却以发量多少、长短为理由减少为5次，甚至3次。

由此可见，消费者的痛点集中在资金没有保障、产品没有保障等。这都给了时尚猫以机会。据了解，每次上门服务的费用中都包括毛巾、地垫、披肩、围布等一次性产品，根据项目不同各有增减。并不指着产品赚钱，更多地是为了给技术和服务增值，所以主打中高端，产品也大多选择欧莱雅、卡诗这样的专业产品。

如果你贪图便宜，就不要去美容美发，烫一次头发500元和100元总会有区别，不论是产品还是服务。正如街边20元的盒饭，你能要求它跟200多元的自助餐一样吗？

3.盈利模式始终是问题

在时尚猫的微信平台上，我们发现，剪发150元起，护理150元起，而染烫是350元起，产品也大多是知名美发用品，似乎很是符合高端的定位。

既然这样，是不是意味着时尚猫很快开始赚钱了？恰恰相反，时尚猫的相关负责人道出实情："服务类O2O都是在烧钱，即使目前用户反应不错，我们也还处于推广阶段，50%的订单还处于体验阶段，并不赚钱。"

此外，时尚猫也在积极寻找A轮融资，之前不到300万元的天使融资似乎已经无法支撑它继续走下去了。对于这一点，所有的前期搭建都是时尚猫在投入，而所有的耗材和产品，发型师只有在每单用到的时候才直接扣费，这意味着时尚猫承担了大部分的产品风险。

在时尚猫会议室兼样品间里，我们看到了各个版本的耗材。据孙涛介绍，可以吸附头发的160cm×160cm的地垫就已经改了三版，必须保证可以有效吸附碎发，不污染用户的家；毛巾经过多次尝试选定吸水性好的纯棉毛巾，加上时尚猫logo定制，成本约为2.84元/条；考虑到消费者的习惯，时尚猫又设计了一款胸部透明的围布，方便消费者在享受服务的时候可以随心所欲地使用智能设备；定制的发型师工具箱，800元/个……

在赵健的想法里，时尚猫是为发型师搭建好所有供应链体系，让发型师更专注地服务好用户，从而形成用户黏性。随着年底各种年会、颁奖礼的增多，2015年1月初，时尚猫增加了一个上门做造型的服务，提供发型和妆容服务。

对于 2015 年，时尚猫依旧有着自己的计划——进入 5 个城市，未来吸引百名专业技师入驻，成交额达到百万级。然而，这所有的一切都是建立在时尚猫可以顺畅地活下去的基础上的，现在这样的计划随着公司的清算戛然而止。时尚猫的倒下更多缘于资本的缺位，而并非商业模式的失败。前仆后继的美业 O2O 创业者们仍在不断涌出，显然，如何避免在行进中被饿死将是这些创业者们要面临的大考验。

之所以用大篇幅来介绍失败的案例，是因为失败的教训往往更有价值。马云经常说同样的话。成功的案例和你没关系，因为成功都是不可复制的，只有失败的原因往往是差不多的。少走弯路就是减少失败的次数。

第 14 章　互联网＋美甲

　　纵观整个美甲市场，各大美甲品牌的加盟店遍地开花，活力无限。美甲加盟店这股新鲜力量迅速占领市场，将更专业的营销模式、美甲服务模式带给众多商家和消费者，对于美甲市场的资源整合、重组跟扩展起到了重大作用。在 2015 年，这股美甲的势头没有减弱，在高利润的驱动下，美甲市场竞争更加激烈。

　　1. 营销模式多样化

　　2014 年是美甲行业在中国发展近 20 年以来最为波澜起伏的一年，线上美甲 O2O 模式的出现和发展，使美甲行业逐渐告别小作坊时代，也震惊了众多美甲店家。美甲行业发展一日千里，到底该怎么应对各种新生的营销模式？利用其优势为美甲店增加利润？利用网络的开放平台将美甲店的美甲服务带给更多消费者，此举受到众多加盟商和消费者的支持。

　　2. 顾客更注重增值服务

　　行业的发展总是从顾客开始的，想要把握美甲行业发展先机，首先要观察顾客。如今已少有消费者愿意为了剪个指甲、涂个甲油而跑一趟美甲店，他们宁愿自己买工具在家 DIY 也不愿意到美甲店消费。如果美甲店不能提供这些基础技术服务之外的享受，便很难再吸引和留住顾客，这也是那些小作坊形式的美甲店淘汰率高的重要原因之一。

　　市场在变，尤其是一个正在蓬勃发展的行业，其中的利润和挑战之大可想而知，如何能在市场中站稳脚跟，分得最大块的蛋糕，不仅需要勇气，也需要智慧。

和其他细分领域一样，上门服务自然也是美甲领域的热门模式，况且美甲所需要的设备就更少了。嘟嘟美甲就是一家。

"嘟嘟美甲"简介：

嘟嘟美甲是北京小矮人科技有限公司开发的一款为用户在手机客户端提供美甲款式选择、下单并进行上门美甲的互联网服务产品。嘟嘟美甲以美甲为重点核心，并陆续扩展包括美睫、护理等更多服务项目。

运营模式：

嘟嘟美甲是基于手机 APP 提供上门美甲服务。客户通过 APP 选定美甲作品，并预约上门服务的时间和美甲师，用支付宝付款后，就能体验美甲师的上门服务。

"O2O 模式得以成功运作的关键在于，相较于传统形式，美甲师和消费者双方都能得到更多收益。传统门店的定价中包含了房租、水电、人力等成本，一旦脱离门店，便可以刨除这笔费用，美甲价格比原先降低 50% 左右。依附于门店的美甲师往往只能获取 20% 的提成，而通过 APP 自由接单，收益则是 100%。"

创始人团队:

嘟嘟美甲的创始人兼CEO王彪,是毕业于哈尔滨工业大学计算机专业的一名硕士研究生。在小米公司工作两年的他,毅然放弃了高薪岗位,自己当老板,进军美甲电商平台。

王彪毕业后进入小米公司工作,月薪万元。他坦言,自己是个不太"安分"的人,不甘心一直做一个打工仔,一直想着"要做些什么事"。为了找到好点子,王彪和同伴在北京海淀区的一条街上,走了一公里后,王彪统计一共经过12家美甲店,还有很多美容美发店。"有这么多店,肯定是需求大,如果有上门服务,并将它应用到互联网上会发生什么事情?"王彪的眼前一亮,当时的互联网还没有出现一个比较强势的女性O2O的品牌,更别提上门服务了。回来后,王彪参考了很多资料,发现美容、美发、美甲这三个行业需求量大,但美甲最适合提供上门服务。"美容和美发行业上门服务的难度比较大,只有美甲操作简便,只需带着甲油胶、基本的美甲工具就可以上门服务了。"经过几天的思考后,王彪放弃了小米公司的万元月薪,决定尝试做美甲上门服务,自己创业做一个"电商"。

嘟嘟美甲的团队大多是"90后",主要来自于小米、微软、锤子等互联网公司,有很强的技术和运营背景。一个有趣的细节是,嘟嘟美甲团队早期创业时一共有7个男生,恰恰服务的又是一群"白雪公主",所以他们给自己的公司注册为:小矮人科技。

嘟嘟美甲引入了业界知名的专业美甲师对其美甲师团队进行培训,并且不断设计和完善美甲的SKU,为用户提供更多更好的选择。而一批美甲发烧友,也成为嘟嘟美甲的核心成员,让她们提意见并参与决策,这是嘟嘟美甲的新思路和尝试。基于团队的互联网基因和背景,目前公司做事的方法比较具有"小米范儿"，通过快速迭代和引入用户参与，不断改进产品和服务。

嘟嘟美甲投资已经到位，投资方看重的是公司团队的做事态度和更加互联网化的思维方式。"美甲O2O最重要的是用户的体验，嘟嘟美甲一直把用户摆在第一位，通过不断地打磨自己的服务标准和规范，为用户提供优质的服务体验。"

融资后计划致力于加强标准化服务能力的建设，为更多用户提供优质的服务。与此同时，建立更好的平台机制，在服务好用户的同时，充分尊重每一个平台上的美甲师。

利用互联网模式把所有资源整合起来，发挥各自的优势。比如用网络解决信息不对称的问题，线下门店解决高品质服务的问题，再通过点评模式，把后续用户的选择和美甲师个人直接挂钩。秀美甲就是一个综合的非上门类的O2O。

"秀美甲"简介：

秀美甲是全球最大最热的美业O2O平台，集预约、团购、美图、培训为一体，覆盖全国一二三线城市以及16个国家的海外城市，超过20万家美甲店铺，为全球爱美女性随时随地提供更多款式更高品质的美甲服务。

国内首家、也是华人圈最大最热的美甲手机社区。聚集各类美甲店、优秀美甲师以及大量美甲爱好者，海量精美的美甲图片。

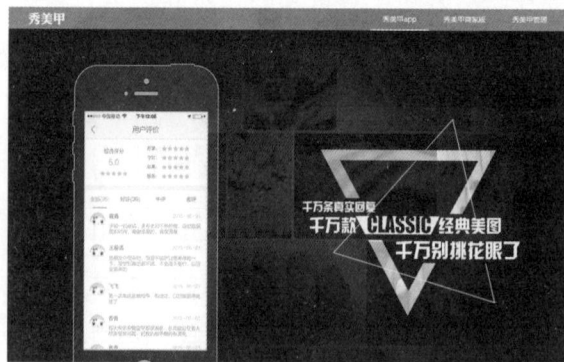

运营模式:

以 UGC+PGC 为核心,线上通过用户相互间分享和交流的方式培养黏性用户,以女性美甲的消费驱动,自然地将用户导流至线下商家。在这个过程中,女性用户因爱炫耀、爱分享的心理驱动,自主自愿到秀美甲去分享和交流,同时,商家因客户流量也自主自愿到秀美甲注册,这样,从用户到商家,从线上到线下,用户和商家之间双向拉客、协同共进,通过社区平台延伸出美甲细分市场生态链。逐步形成用户+商家生态圈,落地是到线下美甲,可以理解为 O2O 模式的一个冷启动。

创始人思维:

秀美甲于 2013 年 10 月成立,截至 2015 年,正在进行第三轮融资。2014 年秀美甲成为在美甲 O2O 领域唯一一个没有实现融资闭环但是融资最多的公司,秀美甲的愿景是晒美甲、做美甲、开好店,只在秀美甲。

上线不到 30 天,在北京地区的日均订单已经达到了 2 万多单。公司实现了 3 次搬家,截至 2015 年公司才有几十个人,在这样的状态下已经实现了 1200 万的用户,遍布全国,也有 100 多万的海外用户。经常可以看到北美的用户和商户在跟秀美甲建立联系,可以看到黑色的手和白色的手。30 万名美甲师,11 万家美甲店。

秀美甲在 2014 年是最痛苦的一年。虽然过去十几年易文飞有在上市公司工作的经历,但他非常喜欢一个人在公司的角落里坐着。不重视 PR 是他们 2014 年犯的一个非常大的错误,幸亏上天眷顾让他们跑过了 2014 年,感谢投资公司对秀美甲的信心。

一个创业公司想要低成本地获取 PR,获取用户和市场的关注是一件非常难的事情。举个例子,去年秀美甲几乎没有在 PR 上花一分钱,小规模的活动还是搞过一些。及时的曝光,平时的一些稿件,用户的补贴和商户的补贴带来的一些传播，为什么说痛苦，达到一个什么境界？秀美甲已经在美甲界积累了这么多商户，以及这么多所谓的美甲师的用户，但是你总得面对资本市场。投资人一见到我的时候，就会跟另外也是做O2O的比我们小1/10的企业作对比，一方面要解释模式不一样，另外一方面还要说"你去问问美甲的行业从业者真正用的是什么"。索性在上一轮融资的时候，一位投资人坐在办公室说要投资的时候，讲了一句话"我一定会投你"。说她有一次在哪里做美甲，做完之后一位美甲师说装上秀美甲帮我点个赞吧，她就一下子特别兴奋。

在互联网圈和资本市场里易文飞觉得他们还是过于贴地飞行，希望2015年能够把这块做得更好。因为"美"这件事情其实是带有很强的传播属性的，为什么做美甲，很多人不理解，手是一个人最性感的器官。

秀美甲在2014年10月和11月接连举办了中国每年一届的国际美甲大赛，能看到秀美甲在行业里获得的广泛支持和关注。所以对于创业者来说不要轻言"颠覆"，我很怕"颠覆"这个词。真正的王道，对于一个创业者来说就是变成王者。

在美甲这个细分领域，一般想到的互联网模式都是上门服务。可是别忘了，数十万的线下美甲店是不会一夜之间消失的。而且在未来一定是体验的时代。当大家把目光都聚焦到上门服务时，我反而要提醒创业者们，针对线下门店的互联网模式就有机会了。美甲帮的案例便可说明问题。

"美甲帮"简介：

美甲帮APP于2013年8月面世，是中国最专业的综合美甲社区，汇聚了数以百万计的美甲爱好者和从业人员。主要功能包括美甲图片分享、美甲教程、话题讨论、微店工具等。

运营模式：

B2B2C 的模式，通过 2B 实现 2C。最开始我们通过美甲的社区，把最核心的美甲重度用户吸引进来，这些重度用户大部分都是从业者，包括美甲店主、美甲师、美甲学徒等，还有一些喜欢 DIY 的，在圈子里面是意见领袖的消费者。进来之后就会针对她们提供更多的服务，一开始是看图，后来是教程，然后给用户一个论坛让她们在里面交流，在这种社会化的交流里面，增加交易环节，将产品供应给用户。现在做的最重要的一点是通过自主研发的微店系统帮助从业者把生意互联网化，做得更好，通过这样的方式服务于小型的 B 端，进而服务于 C 端。这样让 B 端的黏性更强，将 B 端联合起来，共同更好更规模化地服务于 C 端。

互联网最重要的一个点是直接零售，把中间的环节去掉，但是美甲帮未来的一个发展方向，并不是只靠实体产品销售，这只是一个切入点。有两个功用：第一，通过这个事情了解了传统行业，认识了很多人，和他们建立了很多联系，也了解了传统行业里的坑；第二，通过互联网，实业可以做得更大，来让行业内的传统企业理解互联网的威力。美甲帮希望构建一个平台，构建好后自己的生产能力就无所谓了，结合其他行业力量组成一个联盟，在这个平台上去服务小 B，进而更好地服务 C，这是更优的。

创始人思维：

女人一直是商家瞄准的目标。传统行业的任何细分领域互联网无孔不入，一个看起来小小的美甲市场，因为雕爷孟醒的介入，着实烧了一把火，但河狸家并非美甲市场的唯一可能。

自称"地派"创业者的余剑楠，打法与"天派"雕爷便大不相同。余剑楠在前东家宝洁受过多年的营销训练，从一开始向街边夫妻店推销像护舒宝这样的宝洁产品做起，一直做到宝洁大中华区口腔护理品类的资深渠道营销经理。

余剑楠有着广州创业者特有的低调务实，精明清醒。在上门服务愈演愈烈之时，有人开始劝他，要不复制雕爷的模式去做，他还是保持了难得的清醒，坚持走自己的路。

和华南很多创业公司一样，"埋头赚钱"的美甲帮一直"自给自足"，用自有资金挺过了天使轮。经纬中国投资经理林翠找上门时，余剑楠一开始竟不愿接受融资，林翠费了九牛二虎之力才说服他。

美甲这场战争，胜负并未定。在余剑楠看来，做好美甲市场只是第一张牌，他的终极目标是冲着女性小微创业者去的。

第 15 章 互联网 + 医美整形

通过中国经济增长速度 + 中国人口 + 韩国整形人口比例分析得出，我国将无疑在未来的 20 年成为世界医美整形的全球第一大国。中国医疗美容行业具有以下特点：

1. 行业更加发达，机构急剧增加

随着经济的发展、科学的发达、社会的进步、竞争的加剧，越来越多的人希望通过整形美容改变自己的形象，在入学、求职、工作、恋爱、婚姻、社交、生活等人生各个方面获得优势，提高自己的生活质量和生活品位，甚至改变自己的人生。中国有 13 亿人口，未来的整形美容市场潜力巨大。为适应这一新的形势，越来越多的人才、资金将进入整形美容行业，医学整形美容机构数量将在短期内急剧增加，并向地级市和县级市发展。

2. 从服务"病人"转向服务"顾客"

目前的整形美容外科绝大多数都是以整复为主、美容为辅的，尤其是公立医院。服务对象大多是那些因先天因素或疾病、外伤、烧烫伤等所致身体有明显缺陷或功能障碍的"病人"。

未来的整形美容科除了开展传统的整复外，更多的将是借助现代医学整形美容技术改变求美者的脸型、身材和肤质，以求美为主要目的，美容为主，整复为辅。服务对象将是以身体没有明显疾病或缺陷，没有功能障碍的健康人为主，这些人严格意义上来讲，不能称之为"病人"，只能称之为"顾客"。

3. 从整形外科转向医疗美容科

整形美容科包含医学整形美容和生活美容。美容整形行业服务范围将涉及植发、重睑、眼袋整复、祛斑祛疤、除皱、隆鼻、修改脸型、牙齿整形、隆胸、吸脂塑身、瘦小腿、润肤脱毛、处女膜修补、外阴整形、康复整形等数百个项目，其中很多项目并不属于医学整形美容范畴，应属于生活美容。生活美容将成为未来整形美容业服务的一项重要内容。只有建立整形美容科，同时提供医学整形美容和生活美容服务，才能真正满足"病人"和"顾客"的需求。

4. 医疗技术从"粗糙"走向"精细"

"病人"整复治疗的主要目的是在不影响身体健康、最大限度地恢复肢体功能的前提下，尽可能地保持肢体的外在美观。"顾客"整形的主要目的是追求"美丽"，在不影响身体健康和肢体功能的前提下，尽可能地追求"美丽"甚至"完美"。

"顾客"整形求美，不同于"病人"整复治疗。"顾客"整形要求医生的手术设计更加完美，手术切口更加精致，手术技法更加精细，手术操作精益求精。相对来说，"病人"整复治疗对医生的技术要求就显得"粗糙"，对手术切口的美观度要求相对较低。

为了满足顾客对美的追求，创伤更小、风险更少、恢复更快、效果更好的微创整形技术将成整形美容科未来的发展方向。

5. 设备更加先进，材料更加安全

内窥镜等先进的微创整形医疗设备将得到进一步发展，并广泛应用于整形美容领域。有了先进的医疗设备，整形美容专家在临床工作中将更加得心应手，整形美容手术将更加安全、更加微创，整形美容效果将得到大幅提升，"顾客"的满意度将得到大幅提高。

随着医学科学和材料学的发展，整形美容所用的假体等材料将更加科学、更加安全、更加贴近人的形体和生理特点，绝大多数的假体材料将可以在人体内永久存留。

6.人才交流、学术交流更加频繁

为了与国际国内先进技术保持同步发展，顺应时代时尚潮流，整形美容行业从业人员必须不断地学习新知识、研究新技术、开拓新市场。因此，国内外的学术交流和人才流动将更加频繁。不同国家整形美容专家之间的派系之争将日渐消除。国家与国家之间以及专家与专家之间的技术差距将进一步缩小。不久的将来，中国将站在世界整形美容行业的前列。

7.民营机构发展势头强劲

有需求就有市场，有市场就有竞争。整形美容行业是一个有着巨大利润空间和巨大市场潜力的朝阳产业。随着整形美容业的发展，更多的民间资金和外资将进入整形美容行业。民营和中外合资整形美容机构将应运而生。

行业内的竞争将更加剧烈。这种竞争将表现在经营理念、经营体制、人才、技术、设备、质量、管理、服务、品牌等各个方面。民营医疗机构依托自身的体制优势、管理优势、资金优势、服务优势，将吸引更多的经营管理专家、市场营销专家和公立医疗机构高水平的整形美容专家加盟，从而将成为公立整形美容机构最强有力的竞争者，并会在不久的将来有可能超越公立医院，成为主导中国整形美容市场的中坚力量。

8.品牌机构引领行业风骚

目前的整形美容市场鱼龙混杂、良莠不齐，仅有少数几家大型公立医院的整复外科已经得到群众认可，并初步建立了自己的品牌。

理念的落后、体制的呆板制约了公立大医院整形美容科的发展，而新生的民营整形美容机构经营体制机动灵活，注重引进现代经营管理理念，实行医学整形美容与生活美容的统一，为"顾客"提供优质医学整形美容服务的同时，提供生活美容服务和各种生活便利，并且特别注重专家品牌和医院品牌的建立、维护和推广。

不久的将来，一部分诚信经营、管理规范、在群众中拥有良好口碑、具有雄厚实力的民营整形美容机构的品牌将得以建立，品牌的作用将得到显现。品牌整形美容机构将在行业内引领风骚。

9. 互联网加速医美行业变革

由于互联网让信息传递变得畅通，原本人们对于整形的认识还有一点神秘。这也让很多爱美的女性不敢轻易选择整形。但是今天，你可以在网上了解任何你想了解的整形知识，还可以看到整形的视频直播。这种信息的透明让中国人对于整形的认识发生了极大的改变。

由于互联网的发达，我们对于很多明星的整形经历也都了解。似乎今天这些大红大紫的女神们，当年也不咋地，由于整形给她们带来了人生的辉煌。这样的故事再被整形机构侧面煽动一下，一下子激发了众多女性的整形欲望。

当然互联网也带来了很多新的整形行业的新模式。新氧就是一个结合了"社交＋点评＋在线预约"的O2O模式。

"新氧美容"简介：

北京新氧科技有限公司创建于2013年，是一家致力于用科技的方式帮助爱美女性健康变美的公司。旗下的新氧美容APP和新氧网是美容整形社交和电商平台，提供整容、微整形、激光美肤的在线交流问答、点评和特卖服务；积累了 60 万篇用户日记、1000 万私信咨询量，5000 家整形医院和万名整形医生资料，覆盖中国、韩国、日本、中国台湾等地区。

运营模式：

新氧整形 O2O 经历如下阶段：第一个阶段我们做社区；第二个阶段做点评，把信息聚合和格式化，提供给消费者更加便利的消费引导；第三个阶段就是做 O2O 的在线预约，也就是现在所做的电商。由此，"社区 + 点评 + 电商"的模式已经建立完成。

创始人思维：

目前，新氧为有整形需求的用户或者已经整形的用户提供交流的平台和社区，并且形成了对整形医院的点评体系。同时在这个平台上，用户还可以购买一些折扣的整形服务，其核心模式是"社区 + 电商"。

1. 以用户体验为中心

中国在 2013 年一年就有 1000 万人次做整形，如果整个行业的增长速度是 30%，到 2018 年，中国每年会有 3100 万人次做整形。

对于改造传统行业的 O2O 来说，判断这个行业是否有机会的标准之一就是用户体验是否够好，是否有足够的改善空间。对于整容行业来说，从搜集资料，到医院咨询，再到线下整容、术后恢复，过程中的用户体验都比较差。

一方面消费者有较强的整容需求，另一方面是较为糟糕的用户体验，二者的矛盾给整容平台提供了一个市场机会。

2015 年一年所有整形医院的产值达 2000 亿元～ 3000 亿元，这一数据发展到 2018 年将可能是几万亿的市场。如此巨大的市场需求也给新氧这样的整容平台提供了一个市场机会。

2. "社区＋点评＋电商"为运营模式

新氧整形在 2015 年 7 月上线了整形 O2O 电商平台，你可以在上面找到整形产品或者项目清晰的价格和具体的操作过程。

现在平台上每月订单量增长都在 100% 以上，截至 2015 年 12 月，月订单数已超过 2000 单，月度流水超过 1000 万元。目前，新氧整形也在积极拓展海外业务，现在每月的订单数中，前往韩国、中国台湾等目的地的订单数已接近 20%。

新氧作为创业公司，说服整形医院合作确实是件不太容易的事情。金星表示，整形医院和医生对新氧这种模式还不够理解，他们的营销思维还处于比较传统的阶段，需要双方的进一步沟通。

除了和整形医院合作之外，新氧还能为整形医院提供营销解决方案。比如新氧平台可以帮助整形医院做到更为精准的患者术后关怀和照顾，提升患者的使用黏度，从某种程度上来说帮助医院进行了精细化运营。

同时平台现在还和一些 P2P 的金融机构合作，推出了分期付款的整形项目。金星认为："在这个领域你会发现有很多增值服务的空间，商业潜力是非常大的。"

以医美为入口，切入消费医疗，这个蓝图可真不小。随着中产阶级消费能力的增强和颜值时代的到来，包括医美、齿科、眼科、抗衰老等在内的消费医疗是千亿级别市场，这块非医保领域会成为移动医疗最大的突破口。下面这个更美 APP 的案例我们要好好研究了。

"更美 APP"简介：

更美 APP（原名：完美诊所 APP）是专业的美容整形平台。求美者可以通过更美，免费向整形医生提问，获得优质的美容整形建议。更美已拥有超过 1000 多位三甲及知名民营机构医院整形外科医生，力求给用户最全项目一对一问答咨询。

创始人思维：

在 2015 年上半年顺利拿到 B 轮数千万美元融资后，医美 O2O 更美 APP 开始了向消费医疗的转型之路。

更美创始人、CEO 刘迪表示，自己一开始要做的就不仅仅是医学美容，而是更加看重整个消费医疗的巨大潜力。刘迪介绍，包括医美、齿科、眼科、抗衰老等在内的消费医疗是千亿级市场，随着中产阶级消费能力的增强和颜值时代的到来，这块非医保领域会成为移动医疗最大的突破口。

目前，在更美的平台上，除了整形微整形相关的服务，齿科、眼科等消费医疗服务品类也已经上线。

1. 经历的几次转型

更美在成立的两年时间里，为了应对市场变化，曾做过很多转变。2013 年 8 月，更美的前身"完美诊所"APP 上线，彼时，该平台的定位是整形行业的医患问答社区，为整形医生和用户之间提供交流和交易平台。用户可以在平台上向在线医生提问有关整形方面的问题，而医生方面则根据用户的提问，结合上传图片来进行分析解答。

而后，刘迪发现，对于用户来说，如何变美是一项持续的需求。对于他们来说，需要的并非一款问答工具，而是一个垂直领域的陌生人社交，这个平台能够让陌生用户之间分享自己的经验。

2014 年 2 月，更美正式开始向社交应用转型。在转型之后，更美的用户黏度、发帖量以及用户留存时间都有大幅提升。

而 2015 年上半年在完成 B 轮融资后，更美方面宣布将向消费医疗平台拓展。刘迪表示，更美从一开始就将消费医疗作为准确的目标和定位。相对于治疗类的项目，消费医疗和互联网之间的关联性更强，同时具备用户付费能力强的特点。目前来看，以医美为代表的消费医疗是整个移动医疗里变现最容易、交易额最高的垂直领域。

2. 从医美切入，做消费医疗平台

拿医疗美容作为切入点，整形是一个综合性较强的服务，其最大的好处在于用户对于这一行业的需求频次、数量较高。

刘迪认为，整形的需求主要集中在女性身上。一方面，对女孩来说变漂亮是永无止境的追求，容易获取用户；另一方面，越来越多的用户选择时间成本低、恢复快的微整形，而很多项目每隔一段时间就需要再做，一个部位变美了也会想要改善其他部位，这就成了整形需求高频率、高复购率的特点。

在新增业务方面，齿科、眼科都是延展性很好的类目，与整形类似，把整形的模式复制到这两项服务中。

从平台本身出发，更美目前已经拥有了一个流量导入、社区运营、预约咨询、交易结算、术后保障在内的标准化流程，实现了完整交易闭环的平台，向外拓展的时机已经成熟。

3.APP 的养成

在更美平台上，齿科、眼科的模式和整形颇为相似，一方面做了社区，用户在平台上分享服务感受、经验；另一方面，这些经验经过UGC 产生之后，经过数据化的处理，能够帮助其他用户产生决策，并最终在更美平台上进行消费。

在具体做法上，更美以折扣价降低医美服务的门槛，吸引用户进入，同时该平台又通过单量吸引医生入驻。为了保证服务质量，更美对每一位接入平台的医生围绕从业执照、业内评价、网络口碑等进行资质评定。

对于点评类网站来说，如何平衡评价公正以及平台收益是一项难题。对此，更美的做法是，平台不向任何医疗机构收取广告费，始终保持中立态度。而从整个过程中来看，医生使用更美平台的一个重要目的是通过用户分享经验的帖子，在新顾客中得到知名度的提升。一旦出现负面评价，医生为了维护自身品牌，会与用户及时沟通积极解决问题，而更美在其中扮演的角色则是协调、督促，而不会对用户评价进行删帖。

截至 2015 年，更美 APP 的用户数接近 1000 万，已覆盖国内 5000

多家医院与医疗机构，近万名整形外科医生和专家实名入驻，月营业额突破亿元。

以热点为切入口，从而进入整个生态。就像小米以手机为入口，从而打造整个粉丝经济一样。美丽神器就是以医美整形为切入口，未来布局整个美业的 O2O 平台。

"美丽神器"简介：

美丽神器 APP 于 2013 年初正式上线，并在美容整形行业迅速崛起，是整形美容门户 APP，也是专业的美容整形咨询资讯平台。

运营模式：

美丽也可以私人定制，资深美丽顾问在线一对一帮你解决所有关于美丽的问题，那些无从下口、难以启齿的美丽问题。

创始人思维：

国人"美"不起吗？一些民间工作室之所以能够打出"性价比高"的牌，恰是因为整个行业高度不透明，鱼龙混杂，令很多人望而却步，反而轻信"熟人介绍"。这是在医美 O2O 兴起之前的事。

演艺界人士和空姐行业，她们往往会在同行圈子里，相互之间会做一些微整形的工作室、小作坊。

　　三年前，在二线城市花了十几万元打玻尿酸，"我说你疯了吗，但（他们）确实就是高度不透明"。受到启发，任凌峰同年12月开始着手了解医疗机构的合作意愿。整形机构的"流量饥渴"同样让他诧异，"机构获取单个用户成本在3000～5000元"。

　　2013年3月，美丽诊所APP上线，定位为医美领域的社区O2O平台，7月改为美丽神器。

　　在移动互联网大势下，对医院而言，是建立了新的营销渠道；而相比点击付费的搜索引擎推广，O2O平台按实际成交收费，不需要预付款项。

　　一方面是Online To Offline付费用户的佣金，一方面是平台预约医生的服务费，都是向机构收取的。

　　由于美丽神器在同行内起步较早，APP上线，至今注册的激活用户达到920万。团队规模60人，包括成都、武汉、北京负责市场的同事。已签约的合作医院遍布60个城市，超过8700家。

　　对于合作医院，要求机构具有医疗许可证，包括有至少5人的有资质的医生团队，才能够签约。

　　"我们现在在淡化佣金的部分，宁愿把大部分利润返还给消费者。"美丽神器在做的，可以理解为"有社区有点评的天猫"。一方面，既非是自营整形业务，而是引入信誉商家；另一方面，它不单是一个商城，"因为整形不是购买一个标准化的杯子"。

　　"你首先要有大众点评的属性，引进机构做评级、评价，在机构服务品质得到公开化的认可后，才可能做电商的动作，"任凌峰表示，"所以这是社区化电商的做法，由互动、真实点评的内容，最终影响到购买的过程。"

1. 亮出底价

"最近三个月加了特惠项目，订单增长比较快。"这个"特惠"即是整形项目的团购，任凌峰介绍。因为医美消费的高门槛，相比之前的全额预付团购，品牌认知度有限的机构让潜在用户疑虑重重，而"特惠"改良了支付环节，采取 100 ～ 300 元的定金形式。用户可以下定金后再去医院消费付余款，不仅降低了金额门槛，同时，像普通的大众团购一样，不消费或者过期也可以"随时退"。

"在特惠里面，我们会把很多偏标准化的服务价格透明出来，譬如 260 块瘦脸针全国性活动，其他没有一家有这个价格。"

让机构拿出底价，这是建立在行货、正规渠道的基础上，全国精选十几家机构资质和服务口碑较好的机构。

他认为，这个行业会越来越透明，"尤其是标准类的微整形项目，往后都会是一两千的价位"。

和药剂等标准化产品比起来，这个行业还有特殊性，"人的价值是无法抹杀的"。"有的专家可能收五万，有的是五千，这个差异始终会存在"，花七万块找韩国专家做双眼皮，对客户来说，如果真的能保证变美的效果，这个价值就到位了。

这也是为什么医美 O2O 需要通过社区运营和点评去帮助用户找到最好的医生。

不仅美丽神器，在同类产品 APP 社区里，都有活跃的"90 后"出没，社区里总体用户偏年轻化，18 ～ 25 岁的用户占到了 40% 以上，26 ～ 30 岁的在 30% 多，还有不到三成的其他年龄段用户。

七成用户最关心的不是价格，而是效果。而在整形项目关注方面，微整形最受欢迎，其次是眼部、鼻部以及美肤类。

2.Offline 更重要

诊所是医疗机构的概念，推广上就不太容易。尽管受众对产品一目了然，但却受到国家广告审查的约束。

从"诊所"走向美业，也有商业布局的考量。在美丽神器 APP 上，不仅有全国各地获得认证的整形机构和专家，也能找到诸如护肤、美发、健身、瑜伽等"丽人"项目，任凌峰表示，现在整形医美仍是团队所专注的，但在布局上正在慢慢做调整，未来不会只做整形。"后台数据上，美业有三万多个商家，我们在等一个时间点，未来可能更多的是瘦身、化妆这些品类"。

很多人对上传亲身整容案例的 UGC 内容抱有怀疑，不过求美人士的分享意愿并没有那么低，据美丽神器社区数据显示，PGC 和 UGC 的内容比例在 2:8。

"做 O2O，产品有多炫的效果和模块是其次的，客户关注的是在线下层面做深。"

"第一还是转化率的问题，在这个决策成本高的领域，平台需要通过运营和线下服务的环节体现出平台本身的价值。"

美丽神器已经先行推出免费增值保险服务"美丽保"，以及正在推出的分期付款模式，"这些是从支付环节上来约束机构和医生，反过来提升用户体验"。

"长远来说，用户数量和折扣力度也不是最重要的。"拿出租车和专车为例子，"出租车可能更及时，但叫了专车如果开来宝马，而且服务体验也很好，那就有人愿意等。"

美丽神器也正处于 B 轮融资阶段。提及预期发展，美丽神器获取新用户的成本控制较好，平均在五六毛；因此融资之后，除了进一步的品牌推广，提升线下体验会是团队的着眼点，也包括在一线城市提供顾问陪同、专车接送等 VIP 服务，深化"私人美丽顾问"的产品定位。

医美整形是个专业性相当高的行业，所以用户心目中的信赖度非常重要。而一个平台的信赖度一旦建立，就拥有了变现的资本。悦美网本来是一个行业资讯平台。当时是国内最早的一批医美整形网络资讯平台，积累了大量的读者，现在华丽转身，也加入了行业 O2O 的大军。

"悦美网"简介：

悦美网作为国内较大的医美 O2O 平台，凭借多年深耕行业的积淀，厚积薄发，力求完善互联网医美全链条的服务体系，满足大众高速增长的求美需求，奠定互联网医美平台地位，树立互联网医美 O2O 品牌。

运营模式：

线上咨询、预约，进店体验。

创始人思维：

悦美网于 2012 年 2 月上线，初期定位为专业医美行业媒体和医患互动平台，内容为医美资讯、医患互动和求美者互动分享社区。从 2013 年 9 月开始，悦美网全面转型为 O2O 模式，线上对接求美者，线下整合医疗机构、医生等资源，并将整形项目标准化，推出"淘整形"产品，打造出完善的医美 O2O 闭环生态。

2014 年 9 月，悦美网获得由策源创投领投的数百万美元投资，用于拓展移动端市场和团队建设。在医疗机构、医生的资源整合方面，悦美已完成 1200 余名医生的认证和 4000 多家医院的收录，以满足线上求美者高速增长的服务需求。

医美行业是依赖于医生专业性的产业，任何侵入式操作都得由医疗机构来完成，且医生资质与可以实施的手术息息相关。目前线下美容院并没有整形资质，但它们盲目地切入使得这个行业看上去有些乱。当前的医美行业需要进一步引导和规范。

目前，医疗整形美容业已经发展成为大众化的生活服务，一种产业化的社会性需求，且市场增长空间非常巨大。数据显示，2013 年，国内医疗整形行业规模已达 330 亿元，从事医疗整形美容行业人员达到 76 万人，潜在整形美容市场年需求人数，保守估计在 2000 万～ 3000 万人。

而女性消费者在医美市场整体消费中占据 90% 以上的比例，爱美心切的女性由于缺乏足够的医美常识，常常被不规范的医疗机构诱导消费，并引发一系列纠纷。

悦美通过对医疗机构、医生等资源的整合，将原本零散、混乱的医美市场推向集约化、规模化，同时将整形项目内容、潜在风险以及消费金额等信息全部公开透明化，希望让整个医美行业朝着标准化的方向更进一步。医美市场在未来 5 年仍将保持较高的增速，而悦美则将这片蓝海的船票牢牢握在了手中。

互联网创业未必都是年轻人的专利，在"整形"这个新兴的热门的互联网风口，有一个"70 后"的"老人"也加入冲浪的大军。他瞄准的行业痛点是"医托"。互联网的优点是信息发达、传播速度快、透明度高，可精明的商人也善于利用互联网的这些特点来弄虚作假。

在线下早就存在的医托，现在搬到了线上。这个不难理解、就是淘宝的刷单、刷好评现象。找到痛点是做产品的第一步。我们来看看这个"70后""老人"是怎么玩互联网整形的。

"真优美"简介：

真优美 APP 是北京东方时光科技有限公司推出的一款整形应用平台。

运营模式：

在线咨询，预约，进店体验。

创始人思维：

"70后"的老蒋，是一个连续创业者。三次广告创业后，进军医疗美容。2006 年做广告联盟，2008 年联合创办中国最大的 DSP（数字信号处理）广告平台"品友互动"，2011 年创办"大业盛德"，带领 10 个人的团队拿下 PPC（来电付费营销）领域 60% 的市场份额，实现年营收 1200 万元。2013 年 10 月，"真优美"品牌诞生，公司进军医疗美容领域。

这款一站式真优美 APP 刚上线 1 个月，就在业界赢得很高关注，获得数十家媒体的青睐和报道，成为用户和行业人士口中"最实用的美容类手机应用"。

中国互联网创业，大体分为两个领域：纯互联网创业和O2O。无论是哪个领域，流量都是很重要的。对于后者来说，一些传统商家本身就拥有流量，只不过多数商家并没有把这些流量利用好，反而被大众点评网、美团网"绑架"了。

"作为互联网广告而言，它围绕的就是流量。从本质上来说，只要是与互联网相关的创业，就要解决流量的获取、流量的成本、流量的留存互动及流量的变现这几个关键的问题。医美行业也没有逃离这个，或者说更需要流量。实际上，医疗行业被百度'绑架'得很厉害。像一些专科医院的关键词，比如男科，一次点击可能就是几百块钱甚至更多。所以从点上来讲，我并没有抛弃广告，只不过医美有一些它自己的行业特征。我们团队在利用过去多年的流量经验积累去解决行业的一些问题。"

就像马云是个翻译，刘强东也不是卖电器的一样。其实，创业成功的关键之一，是有没有服务态度。不管是对用户也好，对机构也好，对员工也好，如果以一种服务的心态去理解事情的话，就会发现并没有那么难。养成习惯，换位思考，如果你是对方，你需要什么。医美机构最需要的是什么，消费者最需要的是什么。就像美团，它根本不需要知道如何做牛排。

在O2O领域，最重要的是，一手托两家。既要让消费者来使用你的美容软件，又要让你的商家来用你的商家后台。做医美的话，医院要的是客源，尤其是民营医院，最重要的是营销和推广。他们花了大量的时间、精力、人员做各种流量品牌和广告，希望消费者来找他们咨询。"但他们只要拿着我们的医商通（真优美的医美机构端），我们就可以给他们带来咨询，带来客源。"

在医疗行业，用户之间的社交很难。一旦社交打开之后，医托和中介会很流行。而且社区贡献的有质量的 UGC 很低，甚至很多都是虚假的，尤其是对医美行业有伤害的。"一旦内容失控，关系失控，一些消费者就有可能在真优美上受到伤害，那企业的愿景和使命就受到了打击。企业在有能力解决这个问题之前，一定不做社区。"

双方身份是认同的，是可控的。比如你是一个医疗机构，通过真优美的入驻验证就解决了。如果你是医托，伪装成消费者，去找一个医疗机构咨询，推销你的手术，就没有任何价值。最后，只剩下一个想整形的人去找机构去聊。相对来说，社交是双方都安全和靠谱的。

真优美会加入一些社交的元素。"即将上线的一个频道叫变美游记。尝试让用户更大放开案例分享，并且不围绕手术，前后对比照的形式早已过时。很多女孩子在变美的过程中，其实会有很多心理和情感的变化，比如紧张焦虑兴奋喜悦颓废沮丧等。这一系列变化，她们很难发泄和满足。所以游记会围绕求美者的心路历程。就像一个攻略，目的是去整形，把过程分享出来。"

真优美会逐步放开用户之间的社交，新的产品功能和逻辑也会放出来。

设想一下，公司未来可以是一个酒吧和咖啡厅风格的，甚至有条件的时候，要建一个纯玻璃的房子，可以时时刻刻晒太阳。周末能带宠物，孕妇和妈妈可以带孩子上班。把生活和工作糅合在一起。他自己的愿望是行走，因此他希望公司未来能边旅行边工作。办公室会设在很有意思的旅游景点，比如丽江，甚至世界级的旅游胜地上，设一些很小的，可能七八个人就可以生活和工作的 office。相信，未来移动办公是完全可控的事情。

不轻易承诺，但是承诺了一定要做到，一定要靠谱。说文艺点，叫莫忘初心。莫忘初心是一种信念的解读。在工作当中，则是不要忘了自己的目标是什么。哪怕是你承诺别人，这也是一个目标，不要忘记你的承诺。我们也一样，无论是进入这个行业，还是说这帮年轻人跟着我们一起往前闯，其实都是有承诺了。对行业要有交代，对客户要有交代，对员工也要有交代。这样的企业才能做长久。

互联网讲的是速度。往往大家都不缺技术。你看淘宝的技术有多高科技吗？腾讯的技术是不可复制的吗？百度还能比谷歌更懂技术吗？所以技术不是唯一，如何在第一时间让大家记住你，也就是快速抢占市场，有时显得比什么都重要。

新浪微博的快速崛起就用了一招，明星效应。让一批明星先玩起来，然后那些粉丝迅速跟上，一下子形成热点。下面的这个案例就颇有这个玩法的精髓。美黛拉利用社区模式，先邀请了一大批网络达人和整形达人参与这个社区，一下子带动了很多粉丝，而这些粉丝就成了第一批用户。

"美黛拉"简介：

美黛拉，是由广州绽放信息科技有限公司开发的一款健康健美类手机软件，有ios和安卓两个版本，在各大应用市场中都已上线。

运营模式：

线上咨询浏览，选好之后线下进店体验，之后线上点评、监督。

创始人故事：

美黛拉后来居上的逻辑：社区切入，快速引爆。

美黛拉之所以发展迅猛，跟它的创始人经历、初期定位有关。这家公司的发展看上去偶然，实际上却是一个水到渠成的结果。

2014 年 8 月从网易离职前，赵莹担任网易总编兼副总裁。人们可能容易忽视她较早时在网易担任过的职务：时尚中心总监。这显然是一个与女性互联网关联很紧的领域。

赵莹本人一直是女性互联网服务的深度用户。创立美黛拉就与她去年春节一次美容医院的美肤体验有关。这个过程里，她发现网上提供决策的信息，基本都是广告，信息既不靠谱也不专业，也很少看到用户分享。比如，她身边有个朋友花了几十万打了针，竟然不知是什么美容针。她觉得这里面有一个巨大的蓝海。

按一般逻辑媒体经验丰富，如果从内容切入，驾轻就熟，在信息服务、传播、营销方面至少可以做出一定差异化。而且，这行业信息不透明，内容领域确实也需要改造。但媒体人自身生产的内容，基本不接地气。而且这么做，跟她们在网易当初的服务没啥根本区别。

医疗美容行业是一个重决策行业。用户如果不能获取透明、准确、安全的信息，她们极难接受服务。真实、公正的信息服务，就必不可少。但若信息缺乏验证，同样难以刺激消费。因此，必须形成一种 UGC 模式，并产生强大的分享效应。

于是赵莹她们选择了垂直社区的切入方式。在中国门户网中，网易很早就以自己的社区化风格备受称赞。赵莹们的策略似乎体现了同样的优势。

但垂直社区玩法大同小异。市场上诞生更早的几家医美社区APP，基本雷同，从内容到界面，甚至互相copy。它们落地对接的医美资源，也有很多是重复的。

为快速引爆，美黛拉采用了不同的打法。赵莹在女性和时尚圈有许多达人、名人、大腕等人脉，一下签下300多人，邀请她们入驻社区互动。由于达人本身在微博、微信等社交平台拥有大量粉丝、人气，很快出现引流效应。赵莹坦诚，她们协助美黛拉顺利度过了起步期，汇聚了大量人气。

打开美黛拉，确实能感受一种社区化风格。除了每日更新频繁的各种医疗美容信息外，用户"现身说法"的案例很多，后者大都以一种视觉化形式呈现美容术前、术中、术后对比，有着强烈的现场感，增强了信任。而且，连续登陆、邀请好友、发帖回帖分享都会累计积分，换取服务项目或其他激励，增强用户黏性。

为维持用户体验，保持闺蜜间一种分享氛围，美黛拉只许女人注册，男人只能围观，不能注册、参与讨论。事实上，2015年5月，美黛拉社区发帖量已跃居行业第一。美黛拉通过深耕用户关系，强化运营推动，增长依然迅猛。截至2015年10月，大约50万激活用户，7000日发帖。在所有医美微整形类APP中，社区活跃度最高，帖子质量最高，日均发帖量是后一位的3倍，峰值更是高达10倍。

进而，美黛拉通过数据的结构化，形成了涵盖项目、医生、医院、仪器等许多方面的最大最全的数据库。显然，美黛拉是以专业、真实的医美服务社区形成了单点突破，然后通过强运营，嫁接B端资源，形成了一条大数据的护城河。

美黛拉当然可以继续坚持媒体化社区定位。不过，这一定位基本上就是 C2C 模式。它能持续创造很多流量，但是很难撬动真正的产业链，塑造出一种生态。自然，美黛拉变现的方式也会很单一。

一个只提供信息决策、不能撬动 B 端的社区，很难形成闭环。比如说，用户决策后的购买行为，医院未必知道来自美黛拉。也就是说，如果只提供信息服务，美黛拉为人做了很多导流，自己可能无法获得用户与 B 端服务的数据。这不是一种闭环模式。这种模式初期可以提升流量与品牌影响力，但很难持续。而且，缺乏交易，美黛拉可能很难有更大规模。

美黛拉就像之前只提供信息决策不涉交易的大众点评、58 同城一样。如今，后两者已从信息、决策走向交易，围绕 B 端构建生态，甚至不惜为此重金做收购。这为它们的精准移动营销、大数据运营、智能推荐奠定了基础。

美黛拉选择走向电商化服务，意味着这是美黛拉从信息走向交易，形成交易闭环乃至服务闭环的关键一步。没有它，美黛拉只能停留在一种媒体化的社区运营，不可能成为一家医美 O2O 的平台型企业。

从信息到交易，应该也是美黛拉平台化的必经之路。未来，美黛拉将涉及各种医美资源，从项目到医生、从医院到仪器、美容用品（尤其药妆）等市场。

那么，美黛拉为何不效仿竞品一诞生就涉入交易呢？这还是要回到行业痛点上来。这个领域缺乏信任体系，重决策与体验，专业度很高。

说到专业度，就算许多有过医美经历的人，也未必真正了解它的过程。比如，医美领域非常特殊，行业信息不对称，导致 SKU 定义比较混乱，标准化是第一道难题。美黛拉人士表示，一个光子嫩肤项目，有的叫"彩光"，有的叫"E光嫩肤"，有的叫IPL，还有的叫OPT……仪器从国产到进口，价格差异巨大，不把这些弄清楚，用户很难下单。

服务非标化，也是另一个行业难题，影响着平台直接切入交易。比如，注射类与手术类的医美效果，很大程度上取决于医生的手艺水准。这部分如果缺乏医生的历史数据，很难撮合交易。为突破这一难题，美黛拉除了进一步强化用户分享模式，通过用户促进医生与机构的口碑外，过去一段重心就在于促进SKU的标准化、医师资源的拓展。

交易平台上所有项目，美黛拉都进行实地探访拍摄，获悉医院的每个细节，智能推荐正规、规模适中、服务较好的医院。比如，光子嫩肤的价格差异，可能与该医院的仪器来自国产还是进口有关；医生方面，美黛拉医生库，可查到所有在册医生的信息和案例。交易平台上，暂时只可预约19年以上医学经验、职称为副主任医师以上的医生。如果医生拿不出医师执照，美黛拉不允许他落户平台交易。

从决策到交易，意味着美黛拉商业模式的转变，它的目标是一个开放的医美O2O平台：相比过去，它必须强化后台建设，建立标准的流程，打通更多行业比例，并且强化地推及各种线下资源的整合，促进招商。

美黛拉前不久也完成了B轮巨额融资，电商上线。同时，它的几家对手也已相继完成B轮融资，目前正开始强化营销。这让人想到互联网领域的补贴大战。

补贴战更适于交易高频、客单价较低的领域，有利于快速培养用户习惯。但医美领域属于交易中频、客单价较高的领域，仅凭补贴不一定有效。美黛拉将继续专注于提高信任与用户体验，强化生态建设，不会加入补贴大战。

第 16 章　互联网 + 美妆

本章我们要探讨的是美业里的一个垂直板块：美妆。这里专门指专业化妆师为客户提供化妆造型服务的业务。这个市场的规模有多大？据统计，我国有超过 100 万化妆师群体。按照每个人每月平均产值 5000 元计算，中国每年化妆师创造的产值是 600 亿元。这是最低数字，而且这里没有计算化妆品和护肤品。

根据化妆品行业数据显示，2014 年中国上半年化妆品零售收入达到 886 亿元，同比增长 10%。2014 年 5 月全国化妆品零售额达 143 亿元，与去年同期相比增长 12.9%。

在这样的美业领域里，会有什么样的创新出现呢？

美到家，其特别之处在于它的定位是轻奢美妆人群，而用的工具却不是高大上的 APP。从微信公众平台开始的创业之路，居然也能风生水起。

"美到家"简介：

美到家是国内首创专为时尚人士量身打造的 O2O 轻奢美妆服务平台，致力为广大爱美人士提供时尚、自信、自主的上门美妆服务，总

部设在北京，微信公众号为"美到家"。

运营模式：

美到家成都站可以为用户提供水准一致的标准化服务，用户只需关注美到家微信服务号，选择喜欢的化妆师即可预约下单，等待专业的造型师完成整个服务。盈利模式在快速切入C端市场的同时，美到家继续采用TOB带动TOC的打法，与中国移动成都分公司达成战略合作，同步启动企业级应用。美到家的盈利模式采用TOB带动TOC市场，即与企业合作来激活用户市场的方式已初见成效。此前美到家已与欧莱雅、智联招聘、知我药妆、世纪佳缘等品牌达成战略合作。

美到家还首次披露了上线之后的运营数字：自2014年12月10日美到家发布品牌及正式上线以来，约半个月时间单天交易量已经破百，服务号粉丝数量破万。这个用户和交易量的转化率远远超过行业平均水平，这也表明美妆O2O的服务比较容易产生较高的黏性。

关于美到家的商业观察：

2014年冬天，曾莞晴自己投资创办了美到家。这源于她发现了一个巨大的市场——在专业化妆师和用户之间存在着严重的需求割裂状态，如果用O2O去中介化的方式加以匹配，覆盖到化妆、美发、造型等细分服务项目，完全可以引爆一种美妆上门的全新生活方式。

曾莞晴并没有意想到她的美妆O2O刚上线一个月，就迅速成为各种O2O话题的焦点，也没有想到很多国内一线基金都开出了诱人的合作条件。

在过去的一年多中，曾莞晴按照既定策略，一直奉行"高筑墙、广积粮、缓称王"的策略，埋头将自己在美妆业多年积累的资源重新进行挖掘，逐步拥有约500人的专业化妆师团队，每月订单量已经过千，团队规模也近 30 人。

美妆业的一些大佬基本都知道美到家的项目做得早，做得扎实。比如东田造型的创始人李东田曾说，很多投资人找上门来，"兜售"自己的美妆上门设想，但他根本不在乎，甚至当面说自己只认曾莞晴的美到家，并愿意一起深度合作。中国著名化妆界元老毛戈平也对美到家给予了充分的认可，并希望可以全面合作。

值得一提的是，2015 年万圣节北京三里屯曾经上演过一次"万鬼出动"的壮举，一度导致东三环拥堵到次日凌晨。外人不知道的是，这上万人的鬼节化妆均出自美到家抵达现场的 200 多位化妆师之手；起初只是想着借节日之际推广一下自己的品牌，化妆师也穿上了带有美到家二维码的制服马甲，没想到需求爆棚，最后连美到家自己的工作人员都冲上去帮忙化妆了。

美到家的奇葩之处在于，目前它只做了微信公众号，连 APP 都没有，这样方便快速迭代，用户积累也完全靠口碑传播。面对美业 O2O 的一些强大对手，曾莞晴坚持称"我是女人，我更明白女人的真实需求"。她了解过一些美业上门的 O2O 创业项目，一看就是男性创业的思维，他们很多时候不了解女人去美容的心理诉求。而 O2O 重心不在于"上门"这一形式，而是要拿捏用户背后的真实需求。

美到家究竟做对了什么？

一是让普通人也能够享受专业级别乃至大牌明星御用化妆师的品质服务。

如果我们仔细分析服装界的优衣库、无印良品，用车领域的易到用车，乃至罗辑思维售卖定制版《战天京》，它们在国内兴起的背后，其实是源于一个消费升级的时代已经到来，用户愿意付出一定的溢价，来体验更有品质的服务。

曾莞晴有一个判断，现在国内用户对专业化妆的需求，跟5年前的韩国、日本极为类似，比如现在的日本人大多具有良好的化妆习惯和素养，这意味着国内的美妆业将迎来一个高速发展的风口，甚至越是喜欢化妆的用户就越喜欢美到家的上门服务。

她甚至接到过一个男性用户的电话，问美发服务何时可以预定，他最大的愿望就是找一个专业靠谱的美发师，给自己设计一个好的朋克发型，之前每次去发廊都失望而归。

二是实现资源的及时撮合。

从某种程度上讲，美到家很像美妆领域的易到用车，用户在微信上发布需求，再由空闲的化妆师进行响应，而用户可以根据价格、好评率、作品上传等多个维度进行比对，最终选择一个心仪的化妆师。

当然，如果用户并不喜欢上门服务，也可以直接约到顶尖美容机构的化妆师，到店去消费，这一O2O设计也使得美到家可以获得来自线下美容店面的支持。该模式能够走通就在于，服务提供方与需求方存在严重的信息不对称，美到家可以扮演资源撮合方的角色。

从化妆师来看，实际上该行业的从业者并不像外表那样光鲜，比如做一个婚庆化妆师经常要凌晨四点多起床，将参加婚礼的男宾女宾都打扮一遍，但一笔数万元的服务费用经过婚庆公司、化妆公司层层扒皮，到化妆师手中的服务费就少得可怜。同时，即便是为一些大牌明星服务的顶级化妆师，可能在有拍摄项目的时候能忙几个月，一旦项目结束或者明星要求换人，他们就会赋闲，接不到单，也就没有稳定收入。换句话说，化妆师其实是一个基本灵活自由的职业，他们在淡季就会有强烈的接单需求，曾莞晴开玩笑说，化妆师在国内只有在中国歌舞剧院才是全职。

从用户来说，大部分用户经常遇到的情况是，一旦自己要参加婚礼、面试、相亲、Party、重要宴会等重要场合，需要一次专业服务，却发现身边好的美妆店面少，好的化妆师还要提前一两天预约，随便将就一下又觉得憋屈。

于是，美到家就成为了双方的聚合平台。用户提交手机号，选择自己的服务项目，并设置一个时间段，即可查询和选择能够提供服务的化妆师，而化妆师则需要每天早上九点在微信签到，设定自己有闲暇的时间段。

有趣的是，有些用户有时会跟化妆师商量，以后能否私签，并愿意多付佣金，但大部分化妆师基本都会婉拒。原因在于，他们的时间并不固定，也最怕遭遇用户迟到、爽约的情况。很多化妆师现在是美到家的铁杆粉丝，他们上门会专门穿着美到家的制服，有些甚至将自己的微信签名改成了"我是美到家化妆师"。

不过，美到家对化妆师的审核与评价机制较为严格，首次几批签约入驻的化妆师通过率仅有30%，而集合用户评价的淘汰率高达70%。曾莞晴是有意为之，希望以此保持服务的品质。目前，美到家的化妆师有三个梯队，最上一级包括范冰冰、anglebaby等明星的御用化妆师，中间是来自东田造型等专业美容机构，以及各大时尚媒体的专属化妆师，最下一级才是从正规学校毕业，并拥有多年手艺积累的化妆师。

三是基于场景化思维，做出口碑，做大用户群。

用户对包括婚礼、宴会、相亲等一些特定场景的妆容有着强烈的刚需，无论是从场景多样性，还是支付服务溢价的意愿来看，美妆上门都是一个比美甲更为广阔的市场。

但真正把服务做出口碑，做大用户群，具有场景化思维也许会更重要，三里屯的"万鬼出动"就是一个很典型的例证。

现在，美到家已经吸引了包括三星等国际公司的订单，为其重要年会提供专业服务。曾莞晴希望美到家可以出现在更多的用户场景当中，并已经在酝酿一些其他的有趣的场景体验，她将其视为新一轮竞争中的撒手锏，会陆续推出。

在女性世界，玩社区应该是个常用的方法。因为女性天生就感性，喜欢扎堆，喜欢围观，喜欢凑热闹。这款美妆心得就是社区+点评的模式。

"美妆心得"简介：

美妆心得的诞生，就是为了帮助姐妹们选择最适合自己的化妆品。这里汇聚了大量的真实的化妆品点评信息，什么产品好，什么产品不好，完全由姐妹们的口碑说了算。

金杯银杯不如口碑，买化妆品前来看看美妆心得，少一点冲动，少一点后悔。同时，你也可以和大家一起分享心得，结识更多爱美的闺蜜，获得交流分享的乐趣。

美妆心得 5.0 核心功能：

【美妆社区】最好的手机美容护肤社区，真实经验，真实分享；

【美妆点评】查功效、查肤质、查评价，真实点评，真实口碑；

【试用中心】HR、娇兰、海蓝之谜、MAC 等试用活动等你来；

【心得精选】达人分享经验汇总，从小白变高手指日可待；

【潮流专题】美妆 TOP 流行趋势，小编为你一网打尽。

创始人故事：

想查化妆品口碑，却不知道在哪里能找到真实客观的评价。杨雷决定做一个有公信力的平台。

只做真实消费者的交流分享，没有某宝小广告，没有神器及三无，没有老师的忽悠，没有网红的软文，这里不卖货，这里不删差评，这里不改榜单。

2013 年 2 月，美妆心得上线，开启了杨雷的创业历程。美妆心得致力做最真实、最客观的美妆社区，帮助消费者做美妆决策参考。目前，美妆下载量累计突破 3500 万，能够得到用户的认可，杨雷感到莫大的荣耀。

创始人兼 CEO 杨雷曾表示，化妆品行业信息不对称性非常显著，品牌化导向的消费模式并不符合用户的实际需求，而美妆心得做的是一个跟主流消费市场相匹配的点评数据库，帮助用户达成购买决策。

在此定位下，一部分其他平台迫于即时盈利的压力急于卖货，而美妆心得不导流、不导购，把重心放在培养用户上。上线两年来，美妆心得用户已突破 4000 万，每日活跃用户数达到 150 万。杨雷表示，美妆心得获奖说明社会大众对垂直细分领域和行业深度价值的认可，也体现出移动入口化趋势、价值日益明显。这一切都离不开大量真实的化妆品点评信息的汇聚，什么产品好，什么产品不好，完全由用户口碑说了算。

美妆心得本质上是一家大数据公司，在化妆品大数据领域真实反映消费评价和市场趋势是美妆心得的创新所在。

网络是一个快速造星地。每天都有很多达人出现，像芙蓉姐姐在非网络时代永远不可能成为众人皆知的红人。所以"网红"这个群体的资源是非常值得研究的。下面抹茶美妆的案例就是利用"网红"快速传播，形成社区粉丝规模的。

"抹茶美妆"简介：

抹茶美妆是最纯净的化妆品交流社区！通过肤质测试找到和你最相似的茶友，让用户发现美、学会美！

广告语是：

爱分享，爱交流，在抹茶；

爱化妆，爱护肤，在抹茶；

抹和搽的一切，都在抹茶！

抹茶美妆——和可爱的人，聊美丽的事！

创始人故事：

2012年5月，黄毅离开了人人公司，和几位兄弟一起来到成都创业。他的公司名叫"云瑶科技"，他希望自己努力追寻的梦远离浮云，做出一些踏踏实实、摒除浮躁、真正服务于用户的产品。

公司发布的第一款产品是"抹茶美妆"。抹茶美妆是国内首款化妆品扫码导购应用，可以看作是化妆品版的"我查查"。用户可以通过抹茶美妆来扫码查询，做肤质测试，看商品点评，观"茶友"口碑，辨产品真伪，从宣传得天花乱坠的化妆品商店中选出一款真正属于自己的产品。

虽然产品上线不久，但发展速度很快，截至 2013 年 9 月数据库已经覆盖 2000 个品牌的 7 万多商品，点评数据 100 万条，获得了"茶友"们的喜爱，"抹茶美妆"也朝着健康有序的方向发展。

然而，比起"抹茶美妆"的形势喜人，为公司寻找新一轮的融资却成为了黄毅不得不面对的问题，这事关公司的生存。团队的成员基本都是首次创业，在自己的专业领域内，他们有丰富的经验，可是在"融资"这方面，大家都是小白。

在中国的大环境下，创业本身就不是一件容易的事情。中国大陆的创业者不仅要懂技术、明产品、知推广，还有一个非常让人头疼的问题就是要学会融资。

许多好的创意与产品，在面向市场的时候由于资金不足无法发力，最终面临被竞争者乃至抄袭者击败的结局。

抹茶美妆的公司在四川，在四川本地几乎没有任何相关的天使融资人，因此团队曾经一度因为融资而陷入了困境。好不容易找到了一位投资者，但这名投资者却相当的"不专业"，不仅对团队提出了很多限制性的要求，而且对产品指手画脚提了许多外行人的意见。创业团队与他稍有不合便以资金为要挟。要知道这样的投资者不仅会毁掉产品本身，甚至会毁掉整个创业团队。

其实，这个问题并不是黄毅一个人需要面对的，他遇到了一个对于创业者来说都无法绕过的问题：创业难，融资更难。

尽管当前创业已经形成浪潮，投资人们也希望能发掘出下一个Facebook，但目前面临的问题是，并不是所有靠谱项目都能找到靠谱的钱。

当然，手握大笔资金的投资者们也自然想寻找到下一个Facebook，他们每天都能遇到不少寻求融资的创业者，每天都能收到不少创业者的商业计划书，每天都有不少亲朋好友向他们推荐项目，但是，这些投资者们也遇到了最大的难题，寻找靠谱的项目。

抹茶美妆完成了A轮融资之后重新对自己的产品进行了一次梳理，虽然功能定位都集中在美妆产品的购买决策环节，但内容和表现形式都有了较大变化：之前的内容以教程为主，社区属性较强，比较鼓励用户之间的互动；而现在的内容重点则放在长度为1～2分钟的短视频测评里，由达人来对某款产品进行试用和说明。

与编辑+UGC模式相比，抹茶美妆新版更加注重对达人用户的运营。据黄毅介绍，目前已经签约有100多位达人级别的用户，这些非职业级别的草根达人可以录制上传自己对某款产品进行测评的短视频，再由抹茶美妆的编辑团队进行审核，最终能够发布视频的达人则可以获得少量的报酬当作"稿费"，并以视频内容为核心来运营自己的粉丝，从长远来看还可以获得导购返点。

而每款达人所推荐的产品下方都有一个可以直达的淘宝或者天猫的商品链接，这就是抹茶美妆的盈利模式，即以电商导购来获得相应返点。

新版的短视频导购把内容拆分成了每款产品，用户了解的是一款产品而不是一堆产品的特点和用法，因此到购买决策这一环节的门槛也就更低，可能流量转化也就更加直接。随着内容导向的变化，新版缩短了到达购买的链条，用户在自检肤质之后即可看到同类肤质的草根达人，再通过这些达人对单品的推荐来直接找到适合自己肤质的产品，进而形成购买判断。

由于之后的重点会在短视频上，因此在进行 A 轮融资时，抹茶美妆选了之前投有短视频应用"小影"的五岳天下。从新版本的测试版来看，抹茶美妆已经打通了和小影的接口，达人在制作视频时即会跳转到小影的录制界面。从另一个角度来看，在竞争激烈门槛又稍高的短视频领域，同实用性较强、黏度又高的垂直社区相结合或许是个不错的方向。

人有三六九等，每个再细分的市场也可以被细分。所谓的高度细分领域就是这样产生的。同样是美妆，喜上妆就是聚焦于高端美妆的上门服务。不仅能提供客户需要的服务，甚至还能给客户惊喜。超越客户期望值，那么愿意买单的人一定不缺。

"喜上妆"简介：

北京喜上妆科技有限公司于 2014 年 12 月 9 日在北京成立，是一家提供专业上门美妆服务的互联网科技公司。

运营模式：在线预约，上门服务。

创始人思维：

这个风起云涌的年代，"跨界"已经不新鲜了。因客串主持高晓松的《晓

北京喜上妆科技有限公司图册

说》获封"大白腿女神"称号并风靡网络的汪聪也没闲着。主持之余，她和朋友创办了喜上妆微信公众服务平台，做起了美妆生意，当起了CEO。

汪聪坦言，创办喜上妆正是受到O2O模式的启发。"之前的O2O多是集中在洗车、保洁等特别生活化的方面，而雕爷做的'河狸家'推动大家认识美业的O2O，我们也是受此启发才做这件事的。"

商场如战场，在市场细分、步步为营的O2O市场，只有抓住消费者的痛点，才能大有发展。而喜上妆所瞄准的痛点，正是汪聪从个人感受及10年的主持经验中得来的。

这个痛点体现在都市女性对美的追求层次在提高。"现在女性需要化精致妆的场合越来越多，比如面试、相亲、出席生日会、婚礼等。她们更愿意花几百块钱，请专业造型师来化妆，当天就能美美地出现，也能拍出好看的照片。"汪聪从切身感受出发分析道。

另一方面，选择美妆创业与汪聪的主持生涯密切相关。汪聪在主持圈已摸爬滚打近10年，主持了《优酷全娱乐》《优酷名人坊》等优酷自制节目。2013年破格进入中央电视台音乐频道，主持了《全球中文音乐榜上榜》等栏目。不仅如此，汪聪还客串担当了APEC北京之夜音乐会、威尼斯电影节、北京国际电影节等活动和影视剧《山楂树之恋》《心花怒放》等发布会的主持人。如今，汪聪的主持生涯可谓如日中天，也积累了广阔的业界资源。

汪聪在微信朋友圈分享了戴军写过的一个段子：《超级访问》八周年，李静策划了一个大派对，众星云集，化妆室远远不够用。一个大房间艺人带助理带造型师挤作一堆。王璐瑶看了一眼，问身边以说话稳准狠著称的某造型师："小琦，你说我是不是太久没出来混了，这么多新人，都没见过？"小琦慢悠悠地说："姐，别着急，一会儿化完了全是熟人。"

入行快十年，汪聪见识了身边的造型师们如何一次次做到化腐朽为神奇。另一方面她也注意到，身边的很多化妆师资源在闲置。汪聪说："如果是跟着一线的艺人，化妆师的时间是可以填满的；除此之外的明星专属化妆师，他们的空闲时间挺多的。于是我就想做一个把这些女孩和化妆师连接起来的平台。"

有资源，也有需求，于是做喜上妆就水到渠成了。通过之前的资源积累铺垫，和对互联网思维的深度把握，以及利用新兴的微信运营方式，仅仅经过两个月的筹备，喜上妆微信公众服务平台便正式上线运营。

在产品定位上，喜上妆的定位用户层次较高，以便与市场上的同类美妆产品拉开差距。与喜上妆合作的化妆师都是和艺人合作过的，而私人专属造型师是喜上妆的一大特色。他们的价格虽然高一些，但服务过明星，本身形象好、技术过硬，很多女性会选择这一级别的造型师。汪聪自信满满地说："我们的 slogan（口号）就是'让你和明星拥有同一位造型师'。"

在汪聪看来，喜上妆的市场前景很大，像北京的化妆师都是在抢演艺工作者的市场，新的市场是面对所有女性的，比演艺市场要大得多。

当上了喜上妆 CEO，汪聪会不会退出主持行业呢？对此她表示："我做主持将近十年，并且非常热爱主持这项事业，但未来也会把更多精力转到喜上妆。"

汪聪认为，主持和创业是相辅相成的。汪聪做主持将近 10 年，对化妆师非常了解，以后有兴趣做美妆类节目，希望给化妆师打造更好的舞台。而化妆师又会给女性提供很多实用的建议，正好和节目结合起来。

说到这些，汪聪对未来充满期待。

江湖上有靠绝招取胜的，也有靠基本功吃饭的。就商业领域来说，靠一个热点切入，形成爆点占领市场，然后再不断优化完善是一种方式。还有一种方式一出手就不同凡响。好比八大门派的高手，基本功扎实，几乎没有破绽。这类企业是靠整体的系统取胜，别人想要超越难度自然不小。俏猫就是这样，创始人是行业大咖，还有奥运冠军刘璇美女当股东，所有的美妆师免费入驻，还免费提供培训，有严格的管理体系和服务标准。

"俏猫"简介：

俏猫是由广州远见信创投资管理合伙企业（有限合伙）开发的一款上门化妆类手机软件，有 ios 和安卓两个版本，在各大应用市场中都已上线。

运营模式：

线上预约，上门服务。

创始人思维：

身为"70 后"的凌远强，广东梅州人，浸染化妆品行业多年。他此前的数次创业经历，都紧密围绕化妆美容领域展开：10 年前创立的优歌网，是国内首家管家式化妆品网上商城；5 年前，他又与暨南大学国家生物基因工程药物研究中心合作，开发出无添加化妆品品牌柚子舍；近期，他又和北京奥运会闭幕式化妆造型总设计师君君等多位业内资深人士注册成立中华化妆师联合会，希望推动建立行业普遍的从业标准。

凌远强，可谓是"互联网＋化妆"的"老兵"。这次，他瞄准了O2O上门化妆市场，并在2015年1月18日上线"俏猫"。

"保守预计国内有近600万人从事化妆行业，但化妆这一行业目前的状况依然并不规范，缺乏技术标准、服务标准等。"凌远强向《时代周报》记者解释说，"另一方面，随着国内消费者化妆需求的急剧增长，这一市场将是一片蓝海。"

1. 让化妆师回归个体

化妆师与消费者之间平台的缺失使得化妆师的劳动效益长期偏低。因为过去没有平台，店铺的租金、水电、工商税费等都严重摊薄了化妆师的收益。此外，化妆行业从业门槛低，无论技术标准、服务标准还是产品标准都尚无统一规范。

基于上述原因，俏猫定位于：提高化妆师劳动效率，提升消费者化妆体验，降低化妆成本的O2O平台。

进驻平台的化妆师与俏猫之间，并不是被雇佣与雇佣的关系。"化妆师和俏猫，类似于司机与打车软件之间的关系，更多是合作关系。"化妆师在这个平台上更为自由。"化妆师本身就是靠手艺吃饭，个体劳动就够了，不需要大量的配套设施。"

欲进驻平台的化妆师需经过俏猫的多番验证和考核：申请者的简历在经挑选后，还需经过考试、现场化妆等多个环节考核；在审核合格之后，俏猫还将组织业内资深人士对化妆师进行相关培训。上述程序完毕后，化妆师才可开始在平台上接单。

俏猫采取此套流程，尽管严格的审核会造成化妆师入驻困难，影响平台的发展速度，但却能够保证日后的化妆质量和消费者的用户体验。

无论是进驻还是培训，俏猫都将免费为化妆师提供。

"俏猫的收入则来自佣金，和化妆师二八开。化妆师获得其中的八成，这一比例远远高于传统的线下店铺分成，几乎是之前的四倍。"在实现规模化后，俏猫的盈利来源将逐渐多元化，如发挥资金池作用或是成为化妆品的推广销售平台。

2. 提升消费频次和服务

实际上，上门化妆 O2O 服务也不得不面临一个现实的问题——化妆需求相对低频。假设每个适龄女性一年有一次化妆需求，那么一年就有上亿次的化妆，轻而易举就有数百亿元的市场。同时，低频的消费，毛利一般都比较高。

上门化妆的 O2O 单从化妆来讲，可能是低频的，但俏猫希望能在这一细分市场中树立绝对的领先，"让大家想到化妆时，就能马上联想到俏猫"。

其次，俏猫将增添部分品类或服务项目提升消费频次。比如，除化妆外，可为用户提供个性化美睫，这是一个相对高频的服务，类似单个部位的服务可提高用户的消费频次。

此外，专攻高端化妆服务，也是俏猫基于竞争形势所做出的战略决定。俏猫所对准的化妆领域，竞争门槛相对更高，这使得俏猫避免陷入低端的价格战竞争之中。

如果BAT进入，该怎么办？对此，O2O领域会成就各细分领域佼佼者，一个APP的流量入口无法一统江湖，假如可以做到的话，那么Uber、滴滴、饿了么等都不会存在。BAT等寡头关注细分市场，但并非是亲力亲为，或许会采用资本的方式进入。

在移动互联网战略里，俏猫担当着更大的想象空间，也承担着更大的期待。在这期间，俏猫需要做的是：更了解消费者的需求，做好化妆师这一端的体系建设，并储备好不错的资本。

俏猫的天使轮融资主要由凌远强本人和公司核心员工共同完成。其中，凌远强个人占到60%左右。此外，俏猫还吸纳了包括君君、奥运体操冠军刘璇在内的10名股东，共持股15%。

对于投资人的选择，俏猫并不希望走迅速盈利的路子，更希望引进一些在移动互联网领域有投资经验的美金资本。

电商界有京东模式和淘宝模式，这个自然也会被后来者借鉴。美上门就是上门美妆020中的京东模式。

"美上门"简介：

美上门是上门美妆造型服务平台。美丽送上门，就是美上门！"美上门"是一款基于LBS地理位置和个人偏好的找"发型师＋化妆师"的应用，可随时微信、网页APP预约，价格远低于门店消费。

运营模式：

线上预约，上门服务。

创始人思维：

美上门创始人Nicole，拥有10年以上创业经验，此前曾跨界时尚圈，在顶级选美赛事中屡获殊荣，结识了众多美妆、明星圈大咖。在与化妆师、造型师等频繁打交道的过程中，Nicole 发现，这些手艺人虽有一技之长，但收入普遍不高且不稳定，主要原因在于，从业者每月平均工作时间只有 10 天左右，工作量远未饱和。由于无法靠这一行当获得长期而稳定的回报，很多人最终选择了转行。据了解，目前中国化妆师就业率仅 20% 左右。

但事实上，多数中国女性并不擅长化妆，美妆服务需求缺口极大。一份来自欧莱雅（中国）的调研报告显示，截至 2012 年 4 月，93% 的受访者认为化妆能够增加个人魅力，83% 的受访者认为化妆能够增加自信，但只有 14% 的女性认为自己化妆技术娴熟。

如今，女性出席重要社交或商务场合的机会与日俱增，而化妆已成为必备礼仪之一。但对大多数人来说，享受专业化妆服务，一是没有途径，二是费用太高。

2014 年年初，滴滴和快的两家打车软件的市场争夺战催熟了移动支付，同时有效降低了出租车空驶率。联想到化妆师不饱和的工作状态，Nicole 认为，创立一家 O2O 平台、充分利用化妆师剩余工作时间的时机到了。

2014 年 8 月，Nicole 和几位有着华为、去哪儿、春秋航空、1 号店和腾讯管理经验的联合创始人创立了美上门。美上门联合创始人兼 COO Nikki 认为，化妆师的职业状态决定了美妆天然是个上门服务的自由职业，而美上门为这些化妆师提供了一个更加完善、自由的平台，可大幅增加收入，但对他们的工作和生活方式并无强制性改变。

为吸引足够数量的合格化妆师入驻，美上门采取了以下对策：

第一，精选化妆师。美上门借鉴的是京东模式，所有美妆师必须进行面试，而非注册就能上线。面试的考核标准包括工作年限、技术水平、个人素质等。通过对近 1000 位报名者简历的筛选及现场面试，美上门得出的最终考核结论是，仅有 110 位化妆师胜出。

第二，为化妆师提供服务流程和礼仪规范培训。由于美妆为非标准化服务，对交付结果作用最大的是用户感受，这与化妆师的业务水平、沟通技巧等直接相关。美上门因此花了很大气力对化妆师进行培训，包括业务实操、客户沟通、色彩搭配、企业文化、服务规范等各方面，甚至还邀请了外籍航空公司礼仪导师前来做礼仪规范培训。

第三，统一妆品。全职化妆师上门时携带的妆品，均由美上门统一从各大专柜采购，仅粉底一项，该公司就对比了多达几十款产品，最后挑选出了几款作为御用粉底。对于兼职化妆师，美上门列出了妆品限用名单，并将其向消费者公示。

经过长达数月的前期筹备，美上门自 2014 年 12 月才开始接单，当月收获订单已近 1 万个。美上门的行业贡献也已初步显现。

据 Nikki 介绍，在化妆师一端，对每种类型的化妆师，美上门都有对应的职场发展规划。对于初级化妆师，此前多挂靠在影楼，每月化妆所得仅 2000 元左右，但现在通过在美上门做全职工作，收入可迅速达到 6000 ～ 8000 元。对于兼职化妆师，美上门平台能够最大限度地提高他们的工作效能，过去每月只有 10 天工作量，现在已可提高到 20 天甚至更多，收入则可增加 2 ～ 3 倍。对于高级化妆师来说，通过美上门，他们可以迅速提高个人品牌价值，积累自己的用户群。

在服务需求一端，消费者可在美上门平台选择心仪的服务类型。就价位而言，日常生活妆 198 元，节日晚宴妆 298 元，新娘妆 999 ～ 1689 元，私人订制妆 498 ～ 1198 元。乍一看，价格并不低。对此，Nikki 解释称，美上门的目标客户是具有一定经济水平和职场地位的中高端女性，以她们对化妆服务的要求，提供同等质量的服务，其他平台的价格大概为2000元左右，而现在，她们只需要支付这一费用的1/10。

在Nikki看来，这一行业同样遵循"二八法则"，即20%的女性会贡献80%的订单量。目前美上门的用户群在20～45岁，其中30～35岁用户的回购率和付费率最高。另外，出于生日、结婚纪念日、年会、重要商务活动或相亲等原因，大量化妆技术不佳或无时间化妆的女性大多需要美妆上门服务。

Nicole称，上门美妆和造型服务仅是切入市场的第一步，美上门的发展目标是成为美业O2O综合服务平台。

第 17 章　互联网 + 美业教育

互联网 + 教育，这是一个大家都看得到的掘金方向，商业价值与社会价值都很大。

但其探索性也很强。事实上，在人们看得到的几类互联网教育模式中，相当一部分现在都是在以"非盈利"的面目运行。国内受制于体制、环境、技术等因素，互联网教育模式还相当初级，美国现在都有哪些商业或"非盈利"模式呢？

《互联网周刊》这篇报道进行了列举：

第一种，大学自身创办的在线教育平台与社区。

麻省理工学院启动网络开放课程已有 10 年，现在哈佛大学和麻省理工学院又要在 2011 年年底启动的在线开源教育项目 MITx 平台的基础上搭建 edX，进一步提供理工科和人文社会科学的课程。

edX 由位于波士顿市剑桥镇的一个非营利组织负责运营，哈佛大学和麻省理工学院平等共有。两校将各投入 3000 万美元来启动该项目。

edX 前身是 MITx，是一个交互式学习平台，可以让在线学习的学生出席模拟实验室，与教授和其他学生互动交流，完成学业的学生将获得正式证书。

交互、个性、社交、富媒体等要素，成为大学在线课程的新模式和新方向。

第二种，送水者——与大学合作，为大学提供工具、技能、资金等来帮助大学创建并管理在线教育项目。

在线大学教育先驱 2tor 正是凭此获得了 2600 万美元的融资。

目前 2tor 已经有了一些具体的成功案例，主要集中在研究生教育阶段。比如其与 USC 的 Rossier 教育学院合作创建了教育学硕士的在线项目。在这些项目的创建中，2tor 的角色主要是开发可以让教授们分享材料、提供教案和交互性课程以及帮助学生的网络平台。另外该平台目前已经拓展到了移动领域，学生们可以下载 2tor 的 iPhone、iPad 和 Android 应用，通过摄像头和 3G 网络随时随地参与学习。

当前，2tor 的盈利模式主要是和各大学合作伙伴共享学费收入，不过 2tor 本身不介入大学的招生和教学工作，仍由大学自己完成。

同样坚持此模式的还有在线教育产品的公司 Echo360，如今服务已经覆盖了全美高校 10% 的学生。这一类玩家里，还有此前介绍过的 Coursera。

第三种，给传统教育提供有互联网属性的"教学工具"。

苹果就正在干这事。苹果从 1000 多所大学收集了超过 50 万份视频和音频教学文件，总计下载量达到了 7 亿次。其近期发布的升级版 iTunes U APP 已经允许任何教师在上面发布教学内容。

苹果针对在教室使用 iPad 进行教学的 K-12 教师，允许他们在 iTunes U 上建立多达 12 份的私人课程。在每份课程里，教师都能指导学生使用各种主要由苹果驱动的媒介课程如 iBooks、教科书、APP、视频、Pages 以及 Keynote 文件。新的 iTunes U 还提供了新的工具，允许学生在视频上做笔记。

与其他专注于提供内容的在线教育不太一样，苹果不仅有来自全球的教师为其提供教学内容，还拥有 iPad 这个终端设备。因此它在这个演变过程中既能充当传统教育里的课堂"教学工具"，也将人们的行为习惯逐渐向在线教育培养。

2015年，全通教育以467.57元／股，一度超过茅台成为股王，成为年度创业板的"大明星"，并成为A股有史以来的第一高价股。我们所熟悉的那个教育行业，正在互联网上发生颠覆性的巨变。

"未来我认为地面教育将会占到整个培训教育总量的60%左右，网上教育占到40%。这个情况的发生，就是未来三到五年的事情。"新东方教育科技集团董事长兼总裁俞敏洪对在线教育做出这样的研判。

突破时空、师资的限制，在线教育从一开始，就因为有着公平、共享的理想寄托，备受人们关注和期待。互联网和教育的深度拥抱，不单带来了教育技术的革新，也引起了教育观念、教学方式、人才培养过程等多方面的深刻变化。但由于政策的限制、产业培育的漫长、模式的雷同，在线教育领域此前一直没有得到爆发性增长。

相对于国外的互联网教育和国内其他行业的互联网，美业的互联网教育相对落后，或者说涉水不深。这里主要的原因是美业的教育以动手操作为主，非理论性为主，所以发展不是特别快。反倒是有些传统的美业教育机构利用了互联网的精髓而不是工具，把美业的教育进行了升级，成为了行业逆势增长的一个奇迹。

下面给大家介绍一个用3年时间成为行业领导者的案例，看看如何利用互联网思维打造美业教育。

轩美尼国际教育学院是进驻中国大陆的第一家美业学院，由被誉为"国际形象美妆教育变革落地实战专家"的Jacky Lu创立，轩美尼教育不同于传统学校的教学方式，它是市场经济与网络结合的精华塑造，一诞生就光芒四射，首家以支持资金让优秀学员都能自己创业做老板为办学宗旨，积极汲取国际尖端教育模式，结合当下市场为学员量身定制战略教育规划，为学员们创造了无限的发展空间和机遇，填补了综合美妆教育的空白。众多中国知名形象设计师、化妆师、发型师、美甲师均毕业于轩美尼教育，现已成为行业的中流砥柱，开创了集服饰、鞋帽、彩妆、美容、美发、美甲、美睫、色彩等为一体，影响广泛的形象美妆集团型学校，为美丽产业的快速发展做出了突出贡献。

轩美尼国际教育集团在短短3年时间里，成为中国大陆美业教育的标杆企业。在全国已经开设了50个分支机构，并且为全国12000多家美业培训学校提供指导。是什么样的魔力让轩美尼发展如此迅速？答案就是"充分运用互联网思维"发展传统教育。具体表现在三个方面：

1. 教学体系互联网化

轩美尼国际教育学院是国际联盟体制教学，成立之初就坚持用互联网思维结合传统实操技能培训的先进理念。贯彻领先化、专业化、科学化、系统化、实战实效化的教学理念，全力打造业内最抢手的实战落地精英型人才和国际形象美妆管理专才。

运用互联网的开放思维，定期用远程互联网工具为学员邀请全球顶级老师授课。让学生身在学院，眼望全球。轩美尼是国内最早运用YY直播、微信群教学、论坛教学的美业培训机构。

轩美尼国际教育是一所致力于塑造优秀形象美妆师的时尚创意学院，很多获知轩美尼教育学院开学信息的女孩子纷纷赶来体验国际专业的教学技术。轩美尼以其时尚高端的教室环境形象、专业的教学技术以及5W教育管理实践落地教学体系对各项专业进行基础课程至进修课程的细分，每个课程生动时尚，实用创新，均以理论、示范、实际操作、老师一对一辅导、实习实战贯穿学习流程。要想成为轩美尼国际的优秀形象美妆师，必须培养美学修养，锻炼时尚敏锐度，并对化妆造型艺术、服装设计、色彩服饰搭配、美甲艺术、芳香疗法、美容美发、心理学、市场营销及管理等学科深入研修，根据不同级别的学员素质全力对每位形象美妆的爱好者进行高效和快速的教育辅导。轩美尼国际教育学院汲取国际同步的技术及时尚创意理念，致力于传授时尚爱好者驻足国际时尚界所必备的专业实战技术和时尚态度，使其成为国际艺术时尚行业中的领军者。

2. 文化互联网化

企业文化是企业灵魂之根基，轩美尼率先在同行业中开创了在新办院校企业事先规划自己的企业文化模式而后成功推动的先河。轩美尼是国内第一家采用互联网思维管理模式的教育机构。轩美尼采用google 的扁平化和开放式文化。轩美尼校园文化氛围浓厚，文化活动丰富多彩，为学生发展个性、施展才华提供了各种舞台。轩美尼一直实行半军事化管理，改变了人们对美容美发美甲彩妆业的传统认识，让美妆师挺起腰杆做人，建立了轩美尼自己独特的企业文化。

轩美尼为了丰富员工的文化生活和提升技术技能，常年不定期地举行形象美妆艺术大赛和文体比赛，还有颁奖晚会、演讲比赛、业绩大比拼、各种类型的培训、学习深造、出国进修等，轩美尼会让伙伴的知识技能永远处于国际领先位置。

3. 人才标准互联网化

自 2003 年创办至今，轩美尼每年培养数以万计的优秀人才，培训量居中国乃至世界同行前列。轩美尼国际将最新的国际美妆信息、技术、原料与亚洲人的特点结合，开发并引导时尚美妆界产品及技术，推进亚洲乃至全球美妆事业的发展，在世界享有盛誉。轩美尼国际培养人才数量居中国乃至世界同行业前列，为整个行业的发展做出了巨大的贡献。

轩美尼培养人才不是以传统的手艺人为标准。如果只是学会了手艺，那么到了市场上不可能成为最受欢迎的人。轩美尼创始人 Jacky Lu 高瞻远瞩，早就看到未来的市场需要什么样的人才。所以轩美尼的人才观是"让每一个美妆师都成为百货集团的总裁"，用培训总裁的思维打造每个学员，并且在集团内部成立了互联网公司，让所有的学员能有机会到集团分公司实习就业。

当然还有一些平台不是单纯的教育平台，但是也把美妆的教育融合了进去，成为平台的一个亮点。比如打着美妆学习平台口号的粉星美妆。

"粉星美妆"简介：

粉星美妆，为女生们打造一个粉色的星球，在这个星球上，每个女生都能学会化妆，将自己变得更美……

运营模式：

粉星美妆是一个美妆学习平台，通过视频、音频、漫画图文的方式让学化妆变得简单，同时还提供化妆教学服务。

第 18 章　互联网 + 美业管理

目前美业 O2O 行业用互联网工具，做管理类服务的分为三种形态：第一种是基于 B 端的 CRM 传统软件形态，一般运用于收银系统；第二种是面向 C 端的平台模式，以优惠信息、提前预约的方式引导消费者；第三种是互联网时代的大数据型产品，利用美发师收集录入客户的资料，产生大数据分析，从而为客户创造升级服务。

"美客"简介：

美客是一款基于本地的移动互联网应用，旨在促进消费者与商家有效沟通，发现优质商品，了解品牌动态。通过美客，消费者可以实现线上浏览选择、线下体验购买，从而获得更优质的逛街体验。

运营模式：

线上浏览选择，线下购买体验。

创始人思维：

创始人朱刚，可谓 O2O 元老级人物，在 O2O 还未火爆的 2012 年，其就曾写过 O2O 创业的一系列热门文章，是 O2O 行业的早期宣传者。朱刚表示美业从业者大多没有太多的时间和经历去学习互联网思维，他们只关注销售额，由于文化水平相对不高，因此对互联网的认识也很有限。

朱刚说，在国内平均每个美发店大概有 2000 ~ 3000 个储值会员，全国大概有两三亿的总量。然而对于美发行业庞大的会员资源目前还没人有效地开采过。基于这些原因，"美客"顺势诞生了。

美客成立于 2014 年 3 月，创始人兼 CEO 朱刚，隶属于北京美业美客科技有限公司。美客是一款为美发师本人提供 CRM 管理的工具，以美发店会员管理系统为切入点同时致力于帮助传统理发店转型。美发师通过手机可以在美客上录入顾客的姓名、手机号、生日、发质、风格等基本档案资料；包括备注顾客历次造型照片、消费记录、预约以及消费回访信息等。帮助理发师方便管理顾客信息，查看短信、微信回访记录以及挽留疏远顾客及时提醒推送等功能。

除了推出便于美发师的会员管理工具外，2014 年 11 月 6 日美客还针对美发店店家上线了帮助美发店拓展新客的工具"拓客宝"。店家可以通过拓客宝来制作红包以及发布限时优惠信息，也可以把理发店的详细地址、电话一同附着在与美发相关的热门文章上，最后在朋友圈借助老顾客转发从而带动新顾客。新客只需输入电话号码即可领取红包。同时店家通过拓客宝"红包领取记录"一栏也能方便查看领取红包的顾客信息，大大提高新客到店率。

考虑到理发店老板的时间问题，朱刚会定时挑选一些朋友圈比较热门的文章直接上传到拓客宝系统的"微信热文营销"一栏内，美发店老板只需进入系统随便选取一篇文章附着红包即可。整个过程非常方便，最多花费两分钟的时间。此外，在拓客宝系统的"美业营销内参"一栏中，朱刚还会亲自创作一些关于如何将互联网思维融入传统理发店的文章，旨在帮助教育传统美发店老板在移动互联网时代出谋划策，寻找机会点。

美客致力于让发型师拥有自己的"会员库"，从而高效维护老顾客。2014 年 6 月 22 日美客正式上线，截至 2014 年年底已有 14 万美发师在美客上免费注册，平均每个发型师每天至少会打开四五次该应用。拓客宝可以说是美客目前的一个变现途径，每年会向店方收取 800 元的年费，不到一个月的时间内已有超过百家美发店购买。

美客致力于从工具的角度帮助店家拓新客留老客。美客的最终目标便是连接顾客，挖掘国内两三亿储值会员的价值，利用反向 O2O 的思维，从线下做工具为切入点，聚集会员资源，从而形成一个平台。

第 19 章　互联网 + 美业社交

就在过去的几年中，包括微信、陌陌等数十款手机社交类应用进入市场，让人眼花缭乱。

按照平台结构对社交关系平台做一个简单分析。此类平台的一边，主要是分享地理信息、分享聚会信息、分享商品的促销团购信息、分享自己的兴趣和爱好的用户。这些用户的关系形成，可能来源于某一主题的同样爱好，或者是在地理位置上的彼此接近等。另外一边，一般来说就是电商或者广告主，也就是社交平台大体上也要通过广告或者电商的形式，实现最终的盈利回报。

移动社交平台，它不完全等同于 Facebook 一类的熟人网络，也不简单等同于微博这样的社交媒体，它是由于在社交关系上的差异所形成的一种特有的平台。它一般是指，人们由于某种共同的兴趣、爱好，或者是由于某种机缘巧合的原因，出现在一个场合中所形成的一种动态的、不确定的社交关系。

而社交模式也产生了细分化。大学生有专门的大学生社交平台，美业也有美业的社交平台。波波网就是为发型师定制的一个社交平台，从而产生大量的发型师用户，然后产生衍生的盈利模式。

"波波网"简介：

波波网隶属于上海莫笛思信息科技有限公司，是目前国内发型师喜爱的垂直领域互联网社区。截至 2014 年 4 月底，注册发型师会员数量已经接近 40 万人，覆盖中国大陆、港台地区以及东南亚华人地区。同名手机应用波波网，作为面向专业人士的应用，一直保持着 20% 以上的日活跃度。波波网 APP 已经成为中国发型师必备的社交、技能学习和购买专业用品的工具。

运营模式：

波波网是一家专注为发型师提供服务的在线交流和学习平台，目前有 Web、ios、Android、WP 版本。发型师可以通过波波网发型分享的"广场""同城""关注"，了解到最新的发型潮流和趋势，查看同城或所关注的发型师上传的作品。通过"精选发型"来学习针对不同性别、长发短发及不同风格的发型作品。同时，发型师也可展示自己的发型作品，建立自己的沙龙同事圈，同其他发型师交流。通过其新上线的"商城"功能，找到专业的发型培训课程，购买日常使用的发品、理发工具等。因为是一款面向发型师的产品，普通消费者不能通过波波网预约发型师。

创始人思维：

波波网是一个美发行业的应用，现在在苹果客户端里面直接搜波波网就可以了。把这个网站或者应用做成中国发型师的经纪人，服务对象就是中国 600 万发型师，还有 120 万间发廊，行业产值每年 3000 亿元。

波波网三个核心服务是：看发型、做发型、秀发型，这是女孩子特别感兴趣的。

看发型，这是一个发型分享的网站，鼓励发型师和客人在做的时候可以上传，这是 UCG 的一部分，当然波波网也发布潮流大片，让消费者了解发型的知识，然后找自己适合的发型师。

做发型，是基于地理位置，让消费者发现自己身边的发型师，同时消费者也会通过这个平台了解到这些发型师的价格、技能，包括以前做的一些发型和其他人对他的评价，通过这个平台，最终达成预约。再后一步，波波网会提供这样发型仿真的设计软件，可以设计自己的发型，跟发型师沟通，做自己喜欢的发型。

秀发型，波波网希望每一款发型做好之后有一个前后对比，对于自己是一个发型档案，消费者喜欢这个发型师，将图片传上去。

第一步看发型，主要在这个阶段抓发型师，波波网提供了很多发型的图片以及工作的机会、培训的机会，在招收这个平台的发型师会员。同时这些发型师上来之后，鼓励他们上传自己的作品，等于建立个人的档案。

第二步做发型，会根据地理位置、个人技能给消费者做发型师的排名、分类和包装，波波网会包装好，推荐给消费者。同时会吸引发廊进来，会有优惠信息发布在这个平台上。对于消费者来讲可以获得两方面的收益：一是找到适合自己的发型师，二是优惠。

第三步秀发型，波波网有一个仿真设计软件，娱乐性会更强，消

费者和发型师在店里会有很长的一段时间在一起，尤其女孩子做头发，
2～8小时都有，这段时间大家可以娱乐互动，甚至把这些发型分享给
自己的好友，从而提升整个社区的真实性，提升发型师的技能。

波波网未来的整个营收构成是这样的：60%的收入来自会员费，会
员包括两部分：一部分是签约的发型师，一部分是发廊；20%的收入来
自广告和线上推广，有公司和培训学校等；其余20%的收入来自线下
活动。

第20章 互联网＋综合美业平台

前面讲了很多美业细分平台，细分的确是一个非常好的商业定位，但也不是唯一。就像热带雨林，多样性才是它的本质。商业生态也一样，各种垂直细分领域大有可为，不代表综合平台就无法生存。淘宝不是综合平台吗？

美丽加就是一个美业综合O2O平台。

"美丽加"简介：

美丽加，是由深圳市美丽加互联网科技有限公司研发的免费店铺云管理系统、手机应用软件以及美丽诚信平台。该系统支持Android、ios、PCWeb以及与微信公众号联动，为美容院、养生馆、美发、美甲等美丽机构提供免费店铺管理功能，并为店铺打通了线上线下，实现了O2O闭环，让顾客能与店家在线上无障碍地沟通互动。同时专业的美丽社区论坛拥有海量用户，店家可以在线宣传展示、推广拓客。

运营模式：

申请成为美丽加的用户，提交店辅资料，通过审核开通店辅。员工在店面工作机上进行顾客、卡项、产品等的管理操作，而顾客则通过手机就能随时了解自己的开卡消费情况，预约服务，点评做过的服务，完全告别传统的手记实物卡。

该系统包括六大模块：营业记录、顾客管理、卡项和护理、产品库存、员工管理、财务管理。

营业记录，是指店铺所有经营活动的记录，美丽加提供了功能强大的数据查询功能，可以通过起止时间、营业分类、支付方式等查询营业情况，进行店面数据的整理挖掘和分析，从而了解店面的整体运营状况。

顾客管理，是指店面顾客资料管理页面。此页面包括顾客的联系方式、生日、消费情况、到店时间等，可以按照顾客的具体消费情况设置条件来查询，便于做顾客的销售跟踪，挖掘顾客的消费潜力。另外，还可以直接导入 Excel 版本的顾客数据。

卡项和护理，列出了店铺的服务卡和基础护理的具体情况，包括价格、开卡提成、开卡总数、护理时长、销量、手工费等。

产品库存，分为产品管理、分类管理、耗材管理、出入库单，可以随时了解产品价格、库存及销量。

员工管理，美丽加提供了完善的员工管理功能，包括员工资料、员工考勤、员工职位、员工评价以及员工的工作日志，帮助店长科学地管理、考核员工，避免人为的感情干扰，提高员工的工作效率和工作热情。

财务管理，不仅有营业收入，还列出了店租、水电费支出、员工工资等开支。

美丽加诚信平台优势特点：

美丽加诚信平台为 C 端用户提供"精品店铺""资金担保"等六大保障，保证用户通过美丽加平台享受到真实有效尊贵的服务，另一方面提升诚信商家在用户中的美誉度和影响力，达到推广拓客之功效，带动整个行业的良性发展。

美丽加诚信平台竭力打造六大保障：

（1）签约精品店铺。美丽加线下实勘，与优质美丽店铺签订线下第三方合约，为美丽加用户提供专属 VIP 服务。

（2）商家向美丽加平台预交三大保证金，保证美丽加用户能享受到的服务水平、服务效果以及开卡安全。

（3）美丽加用户享受专属价格优惠，服务质量效果绝不打折。

（4）透明消费，拒绝黑账，美丽加 APP 消费记录随时查，有纠纷索赔时更有理有据。

（5）服务完成随时 APP/Web 在线点评，用户的打分直接决定店铺信用等级和信誉。

（6）有消费纠纷，投诉无门，美丽加平台管了！ APP 上随时投诉、美丽圈曝光、美丽加中介调停多渠道保障用户的权益。

综合平台其实在 PC 时代就已经有了，只是在移动互联网时代没有细分领域那么火。傲美汇美容网从 PC 时代就开始运作，现在进入转型升级阶段。属于互联网平台的转型升级的失败案例。现在我们来分析一下，就能明白综合平台没有垂直细分平台那么火爆的原因。

"傲美汇美容网"简介：

傲美汇美容网，以"我的美容生活"为主旨，专注于女性时尚美容与实用的消费导向与讨论，是融合时尚美容资讯、潮流话题交流、美容产品交易于一体的美容门户网站。傲美汇拥有更为集中的女性目标用户，多来自经济发达地区，追求潮流、品味、时尚的美容生活方式，对品质及美好事物消费欲望及消费能力惊人。

傲美汇美容网下属于澳亚企业（澳大利亚）控股有限公司，为多元化大型集团公司，澳亚集团旗下同时拥有广州傲之美化妆品有限公司、广州汇彩化妆品有限公司、广州劲彩化妆品有限公司、马来西亚傲之美化妆品有限公司、香港傲之美化妆品公司、北京澳尔滨商贸有限公司和广州动静界10家大型美容美体健身会所，代理15个进口品牌，全国有近5000家美容会所加盟店。

傲美团与众多的一线品牌进行合作依托傲美汇强有力的平台，傲美团定期推出一至两款精选优惠产品，它拥有最优秀的品质与最具竞争力的折扣；傲美团与合作方将共同商定购买人数目标值，只有当购买者达到目标值时，此优惠交易才会生效；如在推广时间内，购买此款优惠产品的用户数量未达到目标值，傲美团会与合作品牌确认是否取消本次交易；无论交易达成与否，傲美团将免费为此款产品包邮费；活动支付形式一律采取线上支付宝交易，傲美汇会在活动结束后的两周内与合作方结清货款，并适当地在合作产品上加收服务费与合作启动金。

运营模式：

首先，网络美容能方便消费者获取相关信息，在网络美容的环境下，消费者可以更轻松地获取有关美容院方面的信息，包括停车位、营业时间、项目介绍、口碑点评、促销优惠等。不难看出，网络美容实际上是将传统美容行业用互联网的平台予以了呈现，在这种模式之下，美容院将在网上拓展出更广阔的市场，同时消费者也能更轻松地了解美容院的相关信息，不必亲自跑到实体店去咨询。

其次，基于网络美容还可以建立线上交易的机会，例如傲美汇所推出的美容券就是一个非常有特色的产品，通过使用美容券，消费者足不出户即可第一时间获得各大美容院的打折信息和优惠信息，如果消费者想购买美容院的服务，可通过在线支付获取，然后下载优惠券手机验证码，到美容院只需出示验证码即可完成消费。对于美容院而言，这样一个产品有助于他们发展更广大的、更具用户忠诚度的客户，配合傲美汇网站的宣传，美容院完全可以将傲美汇网站的用户资源引入美容院，成为美容院的固定客户。

失败点评：

那么在 2011 年创建的，有传统美容市场经验，美容 O2O 的先行者傲美汇美容网为什么在两年时间内彻底消失了呢？本人基于对在线美容的长期探索、研究以及对美容事业的热爱，为大家一一分解。

第一，傲美汇美容网的内容离其宣传的口径有很大的距离，傲美汇是想做美容商家和消费者之间联系的平台，其中有优惠券下载和点评环节，美容信息分享、社区互动等。但是结果是，合作的商家有大部分是其投资商傲之美公司产品合作的商家，因此点评就很明显失去了公正和公平。其中美容信息的披露也没有互联网企业应该有的分享公开精神，这离一个垂直美容电商的形象有一定的距离。

第二，傲美汇的团队尤其是CEO自己，对互联网推广和运营完全陌生，而且自己也承认对这些他自己不懂，如果CEO不懂，COO懂或者部门总监懂也可以，然而，他们的团队在两年内都没有这样一个人。傲美汇的流量也说明了推广确实是一个很大的问题。

第三，傲美汇的产品没有特点，如果拿其他行业的互联网产品来作比较，可以说傲美汇的互联网产品没有一个是自己创新的，优惠券、点评、达人圈这些别的网站都可找到。10个产品里有8个抄袭，2个创新，那还说得过去；但全部是抄袭，你的网站有什么竞争力？你做得出来，别人也很快做出来了。没有设置一定的防火线，日后就很难去抵抗大军的讨伐。

第四，傲美汇的速度为什么这么慢？两年时间居然就只做了一个北京主站。尽管其他城市的商家信息零零碎碎都有一些，但是一二线城市的主站还是得做，比如上海、广州、杭州这些重要区域。这样的速度与互联网企业格格不入，同时也反映团队的文化缺少互联网基因。

第五，作为美容行业的革新项目，傲美汇没有体现一丝要革命的气质，在线美容项目显然是一个能整合商家渠道资源和品牌厂家的革命者，它能带给消费者信息和价格的逐渐透明，给一些口碑商家良好的形象推广，给优秀美容品牌更多的市场份额；更重要的是它肩负净化美容市场环境、开创行业新格局的重任。在这些方面我们都很难看到傲美汇的影响。

第 21 章　互联网 + 美业跨境电商

2015 年阿里和京东都把跨境电商列为主攻阵地，就连"双 11"都改成了全球购物狂欢节。在大美业中当然有很多互联网平台都瞄准了跨界电商。单纯销售美妆产品和护肤产品的平台已经很多了，包括天猫、聚美都有专门的频道。下面来说一个特殊的跨境项目。

一说到整形就想到韩国，虽然美国的医美整形相当发达，但是毕竟同为亚洲黄种人，韩国的风格我们更容易接受和喜欢。所以每年有大量的国内女性到韩国整形。哪里有市场，哪里就会吸引互联网的触角。抓住境外整形的痛点，就是美滴带给我们的启发。

"美滴"简介：

美滴进入医美行业的原因有点特别，其实出发点是做女性海外 O2O 服务平台，医疗美容服务只是切入口。

运营模式：

美滴的愿景是，给正规的医疗机构和消费者提供公正、透明的第三方平台，通过专业团队的审核和用户口碑，建立起一个良性的生态环境，让整容行业走向标准化。

创始人思维：

医疗美容的信息严重不对称以及非标准化的特征，使整容行业出现了不少失败的案例。而投资热钱的涌入，让更多创业者开始在医美O2O领域寻找新的机会，美滴就是其中之一。

数据显示，医美行业具有千亿级别的市场规模，接近30%的年复合增长率。但这一行业尚未出现垄断性的巨头。基于这样的市场现状，不少创业者开始在这一行业开始了新一轮角逐。与其他医美O2O企业不同，美滴主打海外整形，目前该公司已经在韩国展开医美业务，未来将拓展到更多的国家。

1. 中韩整形市场的差别

美滴创始人濮江在韩国生活多年，她认为，中韩市场的差异主要体现在政府监管、资质考核等方面。

濮江介绍，韩国整形行业从20世纪60年代开始发展，80年代后出现了大量的私人医院。韩国政府对于整形行业，尤其私人医院监管严格，如禁止医院使用PS过的图片进行宣传、禁止通过网络等渠道发送软文等。

在资质方面，整形医生获得资质的时间很长，一般是要12～14年左右获取专门的整形资质。而中国的整形相关教育是缺失的，目前，国内已经设有相关专业，但是尚未形成体系。

尽管韩国医美行业发展较为发达，但是在跨国整形方面仍然存在一些问题。目前，韩国医疗美容机构质量参差不齐，充斥着不规范的导游、导医，医院医生的水平也是参差不齐。关于整形失败、投诉无门等负面事件不断传出。对此，濮江认为，整形医疗美容是一个具有极高专业性的市场，很多商家为了个人利益，拿用户的"脸面"甚至生命开玩笑。

濮江透露，2014 年，韩国整形市场爆出负面新闻，但今年开始，韩国政府开始整顿整形市场，将非法中介和医院进行了查处。美滴具备韩国颁发的医疗观光牌照，可以为用户提供更为可靠的服务。

美滴的愿景是，能够给正规的医疗机构和消费者提供公正、透明的第三方平台，通过专业团队的审核和用户口碑，建立起一个良性的生态环境，让整容行业走向标准化。

2. 美滴是怎么做的

在美滴初期阶段，公司将从韩国切入整形市场，做出规模后将服务拓展至其他领域、国家。

美滴提供了一个让用户和医院直接对接、沟通的平台，主要以聊天的形式为主。用户可以进入各类圈子进行了解；医院方面也可以通过在圈子里发布照片、资料等来吸引用户。在价格方面，用户一对一和医院进行沟通。

美滴建立了地面团队，招聘专门人员负责用户在韩国的一切日常活动。美滴主要为用户提供在韩国的免费接送、翻译等服务。

对医院方来说，美滴给他们提供了一个推广平台，帮助其树立自己的平台形象。同时，整形医院在美滴平台上可以通过跟其他医院进行对比来优化自身的营销、技术等。

为了保证服务质量，美滴在韩国建立了专业的审核团队，实地到合作的医院确认该机构医疗设备以及医生专业水平的可靠性。美滴的合作伙伴筛选条件是：代表院长的整形专门资质至少 8 年以上，医院历史上未出现事故。选取的所有医院都具备外国患者接待证，用户的手术咨询以及复诊也都有专业医疗翻译陪同。

3. 实现跨国整形维权

对于跨国整形来说，最让人关注的是手术带来的风险问题。濮江表示手术由平台承担风险。

具体来说，前期医院医生审核会有一套体系，对用户也有先行赔付策略。用户有问题可以联系韩国一对一专属客服，合作国内三甲医院评估，鉴定后如果是手术本身的问题，则免费去韩国修复。

但濮江指出，用户对于手术产生质疑大都出现在恢复期，恢复的过程是对用户信心的考验。"因为术后消肿等还需要一些时间，因此会特别考验用户的耐性。另外，很多用户对于术后恢复并不在意，违背医嘱做一些不利于恢复的行为。"

因此濮江认为，平台在用户的恢复期要做的是要花大量的时间与用户进行术后沟通、安抚。

第 22 章 互联网 + 传统美业门店

传统的美容美发线下门店有 300 万家。这些面临着危机的门店该何去何从？进行就地反击是一条可行之路。百彩嘉就是一家线下做的不错的企业，敢于自我革命，进行互联网化升级。

"百彩嘉" 简介：

百彩嘉，美容技师平台、顾客预约购买平台。在线上设立的美容技师平台、顾客预约购买平台实现了对传统美容院的互联网化改造，实行 "线上预约 + 线下门店" 的模式。

百彩嘉的创始人刘革早年在宝洁公司任职，后来先后创建壹点壹、玖点玖、白雪素妆、VISNOW 等店面品牌及美容化妆品品牌。

运营模式：

百彩嘉曾经在一年内发展一百多家加盟店，百彩嘉的模式有专业的实体店作为依托。消费者通过百彩嘉网络平台进行挑选和下单，进入美容实体店享受专业的美容服务，从而完成 Online To Offline 过程。

创始人思维：

中国古代对商家有两种分类，一为行商，二是坐贾。在如今的美容 O2O 领域中，河狸家与百彩嘉是这两类商家的典型代表，前者提供上门服务，而后者借助互联网打通信息通道，让手艺人坐收顾客之利。

美容 O2O 平台百彩嘉为什么没有选择上门服务的模式？创始人刘革这样回答道："四年前我已经通过淘宝、团购等方式做上门美容服务，实践一段时间后，发现其中存在很多问题，尤其是在专业性、安全性、用户体验等方面，都达不到让人满意的效果。"

百彩嘉并非不做所谓的"颠覆"，而是他们早已经认识到了两种模式之间的优缺点，并最终为百彩嘉选择了更为符合行业特点的模式：即"线上预约＋线下门店"。在以标准化服务模式取得更好用户体验的同时，也增加了其业务容量。

从用户体验的角度来看，上门服务的美容 O2O 商家固然有其方便之处，却面临诸多现实问题。一是对美容设施的要求。普通人家中并不能完全满足，一张难以随身携带的美容床，便成了横在美容专业服务与上门服务之间的鸿沟。二是相比起顾客到美容院时的随心惬意，为了迎接上门服务者的到来，顾客在布置房间上所花费的时间成本更多，享受的感觉往往会被紧张所取代。三是由于上门服务让技师很多时间都用于路途上，导致接单量和有效服务时间受到压缩，最终这一成本仍会转嫁到顾客身上。

虽然当前 O2O 非常火爆，但新技术与创新模式的发展，并非是要给人们制造麻烦，而应回归行业与人性需求的本质，让服务变得更为顺畅。而相比起"坐贾"的优雅，风里来雨里去的"行商"，从来都不是服务行业的主流。挑担子的剃头师傅与设施齐全的美发沙龙相比谁更有格？本是无须争论，也更没必要因为带上O2O的名词便蒙住常识的双眼。

正如品途网创始人兼CEO刘宛岚在一篇文章中所写：我认为美容师是一个优雅的工作，应该在自己的地方把小窝和自己都装扮漂亮，做好准备等待客人上门，而不是风里来雨里去地拎着美容箱到客人那儿，就该有那种"我有好手艺，你上门来找我啊"的范儿。

优雅，也正是美容行业有别于其他行业的显著特征之一。爱美之心人皆有之，但也只有保证一个美好的环境、一次全程美妙的服务，甚至是手艺人美妙的心情，在作为"成果"的顾客再度走入人海时，那份光彩照人的美好才会浮现于脸上。让美容重归优雅，让美容O2O变成一门优雅的艺术，让每个手艺人都能与顾客共创信任与美好。

本篇总结：

以上案例仅仅是美业O2O的一小部分，有很多已经成为先烈，还有很多正在萌芽。这些案例就是一盏盏灯，注定会照亮未来的转型升级之路。当我们用心读完的时候，你会发现那些创业者的思维是闪着火花的，无论他们是成功还是失败，他们的价值在于对这个时代的贡献。

到底你会采用哪种方式？是颠覆式、升级式，还是跨界式？

其实要根据你的资源整合能力来分析。对于传统美业的线下店而言，你的主要资产是什么？资金、服务团队、技术开发团队、硬件设施？梳理一下其实不难发现规律。

跨界颠覆模式：通常是有互联网技术背景的创始人，初期以来有一个好的idea，然后开发一款APP，培养种子用户，借助风投烧钱扩张，要不再次融资，要不完蛋。这种模式不适合传统店的老板操作。当然我也见过不少传统门店的老板有点资金积累了，就想玩点儿高大上的，结果到现在没一个成功，因为核心资源不在手里。玩这类模式的核心资源是技术开发团队和资金来源，而这恰恰是传统门店老板不具备的。

门店转型升级模式：这个看上去不是那么高大上，好像是传统店增加点互联网工具。其实真正把资源利用好了，这才是靠谱的玩法。比较线下的服务团队和硬件设施是门店老板的优势资源，怎么利用互联网的玩法把这些资源以另外的形式发挥出价值？其实这就是创新，就是颠覆。正如360的周鸿祎说的，别动不动就颠覆。其实所有的颠覆来源于微创新。无论是乔布斯还是雷布斯，都不是突然就蹦出来的，都是在前面的积累上才有的爆发。所以大家从这个点上去思考，一定会挽救行业的模式。我坚信这一点。

马云在2015年11月的APCE论坛上发表讲话，最痛的地方，就是机会在的地方。现在传统美业门店可谓越来越痛，所以机会就越来越大。

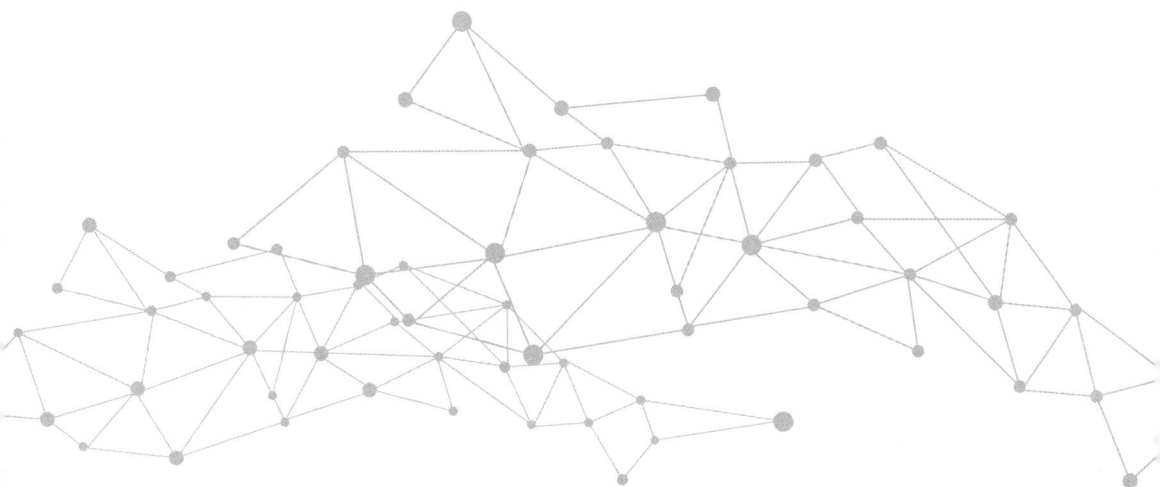

第五篇

互联网 + 大美业的未来

一、面对"＋"的抉择

1. "＋"还是不"＋"？

这个问题其实很简单了，在互联网时代，我认为是非"＋"不可。

可是我也听到很多老板和我说：我们年纪大了，不懂互联网，冒然玩"互联网＋"不是找死吗？

我告诉他们：玩"互联网＋"是找死，不玩就是等死。我觉得找死还有机会，等死就没戏了。所以找死比等死好。

2. 什么时候"＋"？

万变不离其宗，用户思维是互联网思维的核心。

站在行业的角度，如何让用户更懒、更爽、更贪，解决这三个问题就可以了。

（1）O2O模式：解决让用户懒的问题，在线上做好选择、预约、支付等工作。

（2）线下体验：解决让客户更爽的问题，就是不断提高自身服务水平，到我这里来就是比你自己搞要爽得多。如果在店里做还不如自己随便做的效果好，用户凭什么非要选择在线下门店做。

（3）增值服务："贪"虽然是贬义的，但确实是人性永恒存在的。互联网模式的魅力之一也是在这里。先让你免费，结果你免费习惯了，就不走了。其实我们上微信，上QQ，上百度，上淘宝，最后我们被当作数据，互联网公司把我们卖给了商家。所以我们美业的老板也要想这样的模式，这才叫转型升级。

（4）具体的方法：我相信在上面的案例中一定会有适合你的，或者给你带来方法的模式。因为你能想到的别人也一定想到了。当大家都有想法的时候，比的就是行动了。就像当年和马云一样想法的人多了，其中一个叫 8848 的网站比马云做得早，想法是一样的，但是马云团队的持续行动让他成了最后的赢家。

二、拭目以待大美业最新模式"O2O2O"

"O2O2O"这个模式又称为"淘点赞模式"。所谓 O2O2O 是指从线下引流到线上，再从线上回到线下产生深度连接。

互联网改变了人们的交流方式，原来需要当面交流的，现在就可以不受时间、空间的限制。

互联网改变了人们的购物方式，原来需要去卖场买的，现在网上购买送货上门。

互联网改变了人们的学习方式，原来要现场听老师讲课的，现在可以远程视频一对一教学。

但是有一个互联网改变不了，就是人与人之间的直接交流。比如网恋到最后还是要见面；比如视频聊天再方便，过年我们还是要回家团聚。因为人是有情感的。而在商业里有一个铁律，就是未来一定是体验的时代。因为未来互联网越发达，人们对于体验的渴望就越强烈。

线下美容美发门店把线下的客户引流到线上，从而让原来的服务变成微利或者 0 利润，通过线上的服务产生利润。这里有一点最重要的是，客户到了线上后还会回来，这就是区别于其他纯线上平台的地方。客户为什么要回来？因为回来可以享受增值服务，可以到线下体验人与人的交流。

下面这个案例就是采用这个模式运作的。

"淘点赞 O2O 商城"简介：

淘点赞公司是一个针对传统美业转型升级的 O2O 在线商城，总部位于中国无锡。

淘点赞公司依托强大的 O2O 电子商务平台，实现了经营者、管理者和消费者参与资源整合、利润分配的六网合一模式，本着诚信、公正、和谐、共享的精神，与中国美业校企联盟学会、CIDF 中国国际形象节组委会战略合作，同时在全国拥有超过 1000 家美业人才培训学校，为线下美业门店输送专业人才。

核心优势：让线下门店把现有的服务作为入口，在外部产生收益。

（1）在大家都喊着颠覆的时候，淘点赞选择传统美业转型。因为中国有 300 万家传统线下美业门店，不可能被颠覆。

（2）得人心者得天下，淘点赞模式解决了传统美业的痛点，内测阶段就获得了所有线下门店老板和员工的认可。

（3）解决了当下传统电商的痛点，如假货、刷单、盗图等。让用户可以在线下体验品质，在线上购买。先有信任再买单，未来一定是体验的时代。

（4）解决了有品质但不懂营销的商家痛点，因为淘点赞商城上不需要刷单排名，淘点赞采用限量入驻 + 末尾淘汰的供货模式。

创始人思维：

淘点赞的模式是最鲜明的"互联网 +"思维，而不是互联网思维。这里多了一个"+"，但意义和威力完全不同。

单纯的互联网思维模式是跨界打劫，以河狸家为代表的上门服务的 O2O 模式一时风生水起。经过 3 年的市场洗礼，一片狼藉。当初所谓拿到风投的互联网宠儿们如今所剩无几。

单纯的"+ 互联网"模式比较受当下的老板欢迎，倒不是因为有效，而是因为简单，他们立刻能做。比如上个团购，做个网站，再来个支付宝店内付款。线下的老板们觉得他们互联网化了，甚至还有的把自己的服务在淘宝上开个店铺，觉得一下子高大上了。其实这些并没有真正帮助门店解决实际问题。

那什么叫"互联网 +"的思维呢？互联网思维的核心标准之一就是利润后置，比如 BAT（百度、阿里、腾讯），它们的主要服务都是免费的，但增值服务都是收费的。再比如小米、乐视，它们的硬件都是亏钱的，但是靠生态和数据赚钱。再比如淘点赞模式：所有的线下美业门店不再靠理发和美容为盈利点，而是靠以这些服务作为入口，吸引大量的客源。当然这里的吸引不是靠单纯的免费，而是靠超高性价比。说白了就是干 1000 元的服务，收 100 元的钱。以此来作为前段的引流，再通过线上商城的收益再盈利。这个部分符合互联网思维。那么所有的线下门店的功能性是否被弱化了呢，是不是就不需要或者不重要了呢？

相反，线下的服务和体验变得更加重要，因为这是流量的来源和消化持续收益的平台。这就最大程度发挥了线下门店的资源优势。这个部分就是"＋互联网"的模式。

所以互联网思维和线下升级转型思维合在一起，就是"互联网＋"模式。这个模式是目前国内的美业圈里唯一这么做的。因为这个模式的门槛很高，单纯靠砸钱是砸不出来的，单纯靠几个技术高手和产品经理是做不成的。

淘点赞发展历程：2014 年 12 月成立

2015 年 5 月获得天使投资 1000 万元

2015 年 6 月平台开放优质厂商入驻

2015 年 10 月在线商城内测

2015 年 11 月在线商城内测阶段会员数突破 10 万

总结：淘点赞在目前所有的美业 O2O 模式中最有潜质。激活线下几百万门店和几千万从业者的活力，摆脱商家对现有电商平台依赖，让消费者在购物的同时能享受额外增值服务。这三点的能量会非常大！

案例：在无锡的一个只有 100 平方米的发廊，地处市中心的位置。原来的客源稳定，但是缺乏新的增长点。孙旺是一个年轻而又有梦想的店老板，他敏锐的眼光意识到淘点赞的模式是他们的一条生财之道。孙老板自己分析了一下：

（1）店里的发型师，包括他自己，都有一批自己的粉丝，也就是老客户，这些粉丝对他们都很信任。

（2）店里现在除了发型的服务外，其他收入不多，比如洗发水什么的，市场上客户选择范围太大，都不好卖，所以店里的发型师面临着收入比较低的困境。

（3）现在很多大商场的人气都不行，生意都不好，很多商家都亏得一塌糊涂，而商城的运营费用高得吓人。他的一个客人就是他们店对面的一家无锡最高端的大商场（八佰伴）的供货商，是生产围巾的。一条成本100元的围巾在八佰伴必须卖到1000元，因为各种成本加起来就需要700元，现在面临着年底大量的产品积压，就是打折销售也没有人买，因为来逛商场的人少了。

（4）他们店里顾客有70%都是女性，女性是消费的主力军。而这些女性的消费只有头发一块留在这里，其他都浪费了。

鉴于以上几点分析，孙老板立刻采取了行动，他和做围巾的老板说了自己的想法："你把你围巾的库存货，拿到店里来，把商标去掉，然后按照100元的价格给我，我把这些产品上架到淘点赞商城，再在店里拿出4个平方米做产品体验区，然后把八佰伴卖1000元的产品只卖230元。"这样一来立刻引爆了孙老板店里的所有人。店里员工兴奋了，理发师兴奋了，他们自己都忍不住给自己和家人买了好多条，然后理发师开始给自己的客户分享这个消息，结果很多客户都在美发的同时购买了围巾。

孙老板是个销售天才，他告诉了所有客人这个围巾是对面八佰伴里卖1000元的，因为老板是朋友，把库存拿出来，商标剪掉，才有这个价格的。然后孙老板还制定了代理政策，每条围巾给理发师50元的利润。每销售10条还奖励一条。

店里线下有了体验，客户对围巾的手感非常满意，价格超级便宜，所以成交率非常高。于是就有了下一步，那就是通过手机端的微商城系统，把围巾分享到朋友圈和微信好友的手里。让他们通过线上成交，然后发货。

就这样简单的几招，这一个月下来，这个美发店因为采用了这个模式新增加了 5 万元的营业额，而原来每个月的总营业额才 8 万元，而且每个理发师都增加了将近一倍的收入。

还有一个更重要的好处是，一个月用微商城系统吸粉丝，增加了623 个会员。这些会员有本地的，也有外地的，本地的会员再邀请到店里来体验产品，同时也带动了主业的发展，真是一箭三雕呀。孙老板兴奋地见人就说他们的新模式。

这个案例就是淘点赞模式的真实效果，一旦推广到全国，就会形成规模效应，就可以增加更多优质的产品，就会给客户更多的好处。所以作者认为这个模式只要能持续地提供优质产品，并且持续优化客户线下体验感，一定是一个可以帮助整个行业转型的新模式。